Liebe Glücksuchende,

schön, dass Sie im Siegerland nach Glück schürfen möchten, an einem Ort mit einer in dieser Hinsicht langen Geschichte. Früher waren es Erze und vielerlei Bodenschätze, die Menschen hierherlockten. Heute lassen sich ganz andere Kostbarkeiten entdecken. Dieses Buch soll Sie auch in der 2. Auflage mitnehmen an verborgene Plätze, in berauschend schöne Natur, zu engagierten, spannenden Menschen und zu vielfältigen Gaumenfreuden. Inzwischen sind wir durch pandemische Zeiten gegangen, die die Orte vor unserer Haustür noch mal in einem anderen und vielleicht wertvolleren Licht erscheinen lassen. Aber es hat sich auch einiges geändert, und so ist es unumgänglich, sich bei etlichen Orten vorher anzumelden oder auf Besuchstermine und Öffnungszeiten zu schauen.
Siegen ist eine Stadt im Wandel, die mit einer lebhaften Kunst- und Kulturszene überrascht und die beim Bummeln und Schlendern viele charmante Begegnungen möglich macht. Es sind vor allem die kleineren, weniger bekannten Orte, zu denen wir uns bei unseren Recherchen aufgemacht haben, um das Glück zu finden. Dabei haben wir gestaunt über blühende Orchideenwiesen, sind eingetaucht in kühle Teiche, berührende Theaterproduktionen, tiefen Schnee und lebendige Dorfgemeinschaften, haben außergewöhnliches Bier probiert, den Duft frischen Kartoffelbrotes geatmet, sind mit dem Mountainbike in die Tiefe gesaust, mit dem Hubschrauber in die Luft gegangen und haben so manches Mal die Wanderschuhe angezogen.
Nun sind Sie dran, aufzubrechen, zu schauen, Ausblicke und Köstlichkeiten zu genießen, Menschen zu begegnen, das Glück zu suchen und es noch lange nachklingen zu lassen.

Ihre Susanne Propach & Sabine Ullrich

GLÜCK

Deine Glücksorte ...

1 **Sunset unterm Krönchen**
Auf den Treppen unter Siegens Wahrzeichen 8

2 **Kunstpausen**
Das Museum für Gegenwartskunst in Siegen 10

3 **Design hat ein Zuhause**
Das Pølarlicht in der Oberstadt 12

4 **Verliebt in Kuchen**
Das Café Stadtkind in Siegen 14

5 **Rendezvous mit Rubens**
Das Siegerlandmuseum im Oberen Schloss 16

6 **Abends in der Oberstadt**
Das Restaurant Bar und JIGGERS. Die Bar 18

7 **Genussvolle Mischung**
Der Mittwochsmarkt unterm Krönchen 20

8 **Der Siegener Nähpapst**
Spezialnäherei und Taschenmanufaktur 22

9 **Bella vista für 60 Cent**
Das Parkhaus in der Oberstadt 24

10 **Würzige Höhenluft**
Park und Kräutergarten am Oberen Schloss 26

11 **Zwischen Schieferfassaden**
Rundgang durch die Siegener Altstadt 28

12 **Nachhaltig edel**
Die Secondhandläden der Oberstadt 30

13 **Pizza zwischen Kühen**
Ciao Pizza In-Biss in der Alten Poststraße 32

14 **Uniluft schnuppern**
Die Cafeteria am Campus Unteres Schloss 34

15 **Theater im Kaufhaus**
Das Bruchwerk Theater in der Oberstadt 36

16 **Kurztrip nach Italien**
Die Aperitivo-Bar in der Kölner Straße 38

17 **Henner & Frieder**
Die Siegener Ampelmännchen 40

18 **Ideen Raum geben**
Der Pop-up-Store des Gründerwerks in Siegen 42

19 **Schaufensterkunst plus**
Städtische Galerie „Haus Seel“ in der Oberstadt 44

20 **Auf zu neuen Ufern**
Die Stufen am Siegufer 46

21 **Underground-Feeling**
dee2 – Verein für moderne Musik und Kultur e. V. 48

22 **Urban Gedäh**
Der MOANET-Store in der Unterstadt 50

23 **Meisterhafte Verführung**
das naschwerk von Markus Podzimek in Siegen 52

24 **Wie im Märchen**
Das Siegener Sommerfestival 54

25 **Hundeglück**
Die Wiese am Wellersberg 56

26 **Bunte Leichtigkeit**
Schwebend entspannen in einer Villa in Siegen 58

27 **Herumtreiben im Garten**
Die driewes-Box am Rosterberg 60

28 **Kunst aus der Region**
Die Galerie der IHK Siegen 62

29 **Nette Rabauken**
Das Erfahrungsfeld auf dem Fischbacherberg 64

30 **Biker im Glücksrausch**
Der Flowtrail auf dem Fischbacherberg 66

31 **Refugium mit Perspektive**
Das Yogahaus am Wald in Eiserfeld 68

32 **Gesunde Vielfalt**
Obst und Gemüse von Enders in Eiserfeld 70

33 **Eingang zur Unterwelt**
Im Reinhold-Forster-Erbstolln in Eiserfeld 72

34 **Gelato originale**
Die Eismanufaktur Eis.erfeld 74

35 **Slow mit viel Know-how**
Die Metzgerei Gütelhöfer in Mudersbach 76

36 **Spaziergang mit Weitblick**
Unterwegs auf der Trupbacher Heide 78

37 **Kaffee mit Anspruch**
Kathreiner's Kaffeerösterei in Seelbach 80

38 **Hirsche kraulen**
Erlebniswald Historischer Tiergarten 82

39 **Zwischen Backsteinen**
Jung's Boulderhalle & Café in Weidenau 84

40 **Unter den Arkaden**
Das Gut & Gerne in der Oberstadt 86

… noch mehr Glück für dich

41 **Schönheit in allen Formen**
Im Atelier von Susanne Prümm in Siegen 88

42 **In Kochlaune**
Die Event-Location Seven Hills in Weidenau 90

43 **Alles im Trockenen**
Der Geisweider Flohmarkt 92

44 **39 Stufen in die Höhe**
Der 10-Meter-Sprungturm im Freibad Geisweid 94

45 **Schlange stehen für Rudis**
Die Landbäckerei Hellmann in Rudersdorf 96

46 **Burger mit Charakter**
Der Foodtruck der Konnas-Brüder 98

47 **115 km autofrei unterwegs**
Der Fahrraderlebnistag Siegtal Pur 100

48 **Magischer Ort der Stille**
Die Autobahnkirche in Wilnsdorf 102

49 **Mammut und Mäckes**
Das Museum in Wilnsdorf 104

50 **Herrlich unperfekt!**
Der Gelegenheitstöpferladen in Wilnsdorf 106

51 **Unter Schafen**
Die Edelkäserei Kalteiche in Wilgersdorf 108

52 **Die Nase im Wind**
Die Tiefenrother Höhe bei Wilgersdorf 110

53 **Kulturlandschaft zum Hören**
Die Gernsdorfer Weidekämpe 112

54 **Ensemble in Schwarz-Weiß**
Hotelrestaurant Fiester Hannes 114

55 **Bauhaus auf dem Land**
Das Landhaus Ilse in Burbach 116

56 **Zurück in die Fünfzigerjahre**
Das Heimhof-Theater in Burbach 118

57 **Die Perspektive wechseln**
Landschaftsfliegen mit kayfly 120

58 **Immer dem Duft nach**
Backtag im Niederndorfer Backes 122

59 **Wandern mit Sternchen**
Der KulturFlecken-Weg in Freudenberg 124

60 **Glück auf vier Rädern**
Die etwas andere Buslinie im Siegerland 126

61 Vis-à-vis von Alpakas wohnen
Der Hof Erlenbruch
in Friesenhagen 128

62 Geschichte(n) auf der Spur
Der Kapellenweg bei
Friesenhagen 130

63 Abkühlung bei 35 Grad
Die Zitzenbach in
Ferndorf 132

64 Burgfrieden und kalte Hunde
Die Ginsburg bei
Hilchenbach-Lützel 134

65 Liebeserklärung an den Tango
Das Café Basico
in Kreuztal 136

66 Laden mit Aussicht
Der Eichenhof in
Kreuztal 138

67 Der Geschmack der Kindheit
Die Keksfabrikation Ajeti
in Kreuztal-Eichen 140

68 Echte Blumenkunst
Die Blumenwerkstatt
von Anna Tews 142

69 Tierische Entschleunigung
Wandern mit Eseln
in Heid 144

70 Paradies für Gärtnerinnen
Der Pflanzenhof LaCreativa
in Dreis-Tiefenbach 146

71 Nach Herzenslust spielen
Der Bühlgarten in
Netphen-Deuz 148

72 Vorhang auf für Filmgenuss
Das Viktoria Filmtheater
in Dahlbruch 150

73 Geister aus der Flasche
Die Brennerei Vierhasen
in Hilchenbach 152

74 Verweilen und innehalten
Das Gebetsrelief im
Hilchenbacher Dom 154

75 Winterwunderwanderland
Wandern auf der Oberndorfer
Höhe bei Hilchenbach 156

76 Der Traum vom Treibhaus
Die Kräuterey in
Hilchenbach-Lützel 158

77 Einkehren im Forsthaus
Das Café Waldland in
Hohenroth 160

78 Duftende Raritäten
Der Rosengarten Alter Friedhof
in Erndtebrück 162

79 Heilige Durstlöscherin
Die Ilsequelle bei
Heiligenborn 164

80 Bier mit Leidenschaft
Die Handwerksbrauerei Bosch
in Bad Laasphe 166

Sunset unterm Krönchen

1 Auf den Treppen unter Siegens Wahrzeichen

Einen ein Stück weiter in die Höhe bringen oder einen Ort bieten, an dem man sitzen und klönen kann – eine Treppenstufe kann beides. Wer es die Kölner Straße, übrigens die steilste Einkaufsstraße Deutschlands, hinauf bis zum Markt in der Oberstadt geschafft hat, der ist glücklich, die Treppen unterm Krönchen zu erblicken und dort am Fuße der Nikolaikirche ein wenig auszuruhen. Von hier gibt es den besten Blick hinüber zur schönen Sandsteinfassade des Krönchencenters, in dem sich ab 1928 das beliebte Warenhaus Tietz und später der Kaufhof befand. Wer sich weiter umschaut, sieht rechts unter alten Buchen einen kleinen Platz, auf dem sich Schachspieler vergnügen und junge Frauen an kleinen Tischchen sitzend Cappuccino trinken. Eine gemauerte Brunnenanlage sorgt für Abkühlung an heißen Sommertagen. Wer ein bisschen mehr Zeit mitbringt, kann mittwochs und samstags dem geschäftigen Treiben auf dem Siegener Wochenmarkt zuschauen. Besonders sind auch die Tage, wenn in der Nikolaikirche oder im angrenzenden Rathaus der Stadt Siegen geheiratet wird. Dann spürt man das Glück dieses Ortes gleich doppelt. Die frisch getrauten Paare werden von Freunden und Familie mit Blüten und Konfetti vor dem Eingangsportal liebevoll begrüßt und jeder schaut gerne den frisch Vermählten beim Foto-Shooting zu.

TIPP

Unterhalb des Marktplatzes, Ecke Löhrstraße, bietet der Kiosk „Verlockung" das passende Getränk.

Am schönsten sind die Treppen aber an einem Sommerabend. Dann wird man nicht lange alleine auf den Stufen unterm Krönchen sitzen. Freundinnen treffen sich hier zu einem Plausch, Studenten holen die Gitarre raus und Kinder hüpfen die Treppenstufen rauf und runter. Auf jeden Fall lässt sich hier spüren, wie wichtig solche Orte der Begegnung sind. Orte, die einladen zum Plaudern, Diskutieren, Kennenlernen oder einfach nur zum Schauen. Der perfekte Platz, um die letzten Sonnenstrahlen des Abends zu genießen.

- Treppen unterhalb der Nikolaikirche, Markt, 57072 Siegen
- ÖPNV: ab Siegen ZOB Bus C105, Haltestelle Rathaus

Kunstpausen

2 Das Museum für Gegenwartskunst in Siegen

Der große Videoscreen an der Fassade zum unteren Schlossplatz macht neugierig auf dieses Museum, das es in seiner heutigen Form seit dem Jahr 2000 gibt. Im Inneren des großzügigen, von Josef Paul Kleihues umgebauten und erweiterten Gebäudes befindet sich ein wahrer Schatz, denn das Museum für Gegenwartskunst beherbergt die Sammlung Lambrecht-Schadeberg. Diese ist seit den 1950er-Jahren durch die Vergabe des Rubenspreises und den damit verbundenen Ankauf bedeutsamer zeitgenössischer Werke auf heute etwa 200 Exponate angewachsen. Besondere Highlights sind sechs Werke von Francis Bacon und etliche Werke von Lucian Freud, die viele Kunstliebhaber anziehen; aber auch zentrale Arbeiten von Maria Lassnig, Cy Twombly und Sigmar Polke – um nur einige zu nennen – sind hier dauerhaft ausgestellt. Die Sammlung gibt damit einen umfassenden Einblick in die Kunst der letzten 70 Jahre, führt aber gleichermaßen an ganz aktuelle Arbeiten heran. Dies geschieht einmal jährlich mit einer Themenausstellung, aber auch durch zwei bis drei spannend konzipierte Einzelausstellungen pro Jahr.

Und um Appetit auf all das zu machen, gibt es die wunderbaren Kunstpausen zum Reinschnuppern jeden Donnerstag um 12.30 Uhr. Ein Mitglied aus dem Museumsteam wählt bis zu drei Werke aus der Sammlung oder der aktuellen Ausstellung aus und 30 Minuten lang bekommt man Erhellendes zu den Kunstwerken präsentiert. Ohne sich vorher anmelden zu müssen, findet man sich einfach im Foyer ein und genießt es, in kleiner Runde mit Hintergrundwissen gefüttert zu werden, Fragen stellen zu können und Antworten zu erhalten, selbst Eindrücke zu sammeln und zu formulieren. Gerade der Fokus auf einen kleinen Ausschnitt einer großen Ausstellung bereichert: Das „Weniger" ist oft mehr. Und so tritt man beflügelt und inspiriert wieder nach draußen in den Alltag oder aber man bleibt noch eine Weile, weil der Appetizer doch Hunger auf die ganze aktuelle Ausstellung gemacht hat.

- Museum für Gegenwartskunst Siegen, Unteres Schloss 1, 57072 Siegen, Tel. (02 71) 4 05 77-0, www.mgksiegen.de
- ÖPNV: ab Siegen ZOB Bus C105 und C106, Haltestelle Löhrtor oder Rathaus

Design hat ein Zuhause

3 Das Pølarlicht in der Oberstadt

Allen Liebhabern von skandinavischem Design hüpft das Herz höher beim Betreten des 56 Quadratmeter großen Ladenlokals mit angrenzendem Showroom in der Alten Poststraße in der Siegener Oberstadt. Hier hat Samantha Ricciardi-Wick im Frühjahr 2017 ihrem ganz persönlichen Pølarlicht einen feinen Platz gegeben. Ein filigraner Leuchtreklamen-Schriftzug außen am Gebäude erinnert noch an das Schirmhaus Freund und dessen geschäftige Zeiten vor vielen Jahren. Es sollte sicher so sein, dass dieses Ladenlokal mit Historie Samantha Ricciardi-Wick gefunden hat. Denn sie erzählt mit großer Leidenschaft die Geschichten rund um all die skandinavischen Designlegenden, wie zum Beispiel Arne Jacobsen und seine Typographie, die auf den Bechern, Tassen und Tabletts im Regal direkt rechts neben dem Eingang zu finden ist.

Ihre Mutter hat Samantha schon früh darin bestärkt, sich für das Schöne in der Welt zu begeistern, für Mode, Design und Architektur. Und so hat Samantha Kunstgeschichte studiert, um den Stilrichtungen und Epochen so richtig auf den Grund gehen zu können. Dieses Wissen und ein gutes Gespür lässt all ihre sorgfältig ausgewählten Pølarlichter von der Vase über Kerzenständer, Gläser, Decken, Kissen, Holzobjekte, Lampen, Uhren und Möbel einen Platz in ihrem kleinen Reich finden, aber auch weit über Siegen hinaus leuchten. Denn ihre Produkte von über 50 skandinavischen Labels präsentiert sie auch Kunden aus Köln und dem Ruhrgebiet sowie ihren Fans auf Instagram. So gibt es virtuelle Runden durch den Showroom mit Keramiken, Wohnaccessoires und Haustextilien, aber auch jederzeit, wirklich: jederzeit! die Möglichkeit, per Anruf einen Termin mit Samantha im Laden zu vereinbaren. Es gibt eben die besonderen Tage im Leben, einen bestimmten Anlass, einen wertvollen Moment, da möchte man Glück verschenken und Samantha ist die rettende Fee.

- Pølarlicht, Alte Poststraße 7, 57072 Siegen, Tel. (02 71) 25 00 96 82 oder (01 60) 96 37 00 41, www.polarlicht-design.de
- ÖPNV: ab Siegen ZOB Bus C105 und C106, Haltestelle Löhrtor oder Rathaus

Verliebt in Kuchen

4

Das Café Stadtkind in Siegen

„Sie müssen die Waffeln probieren, das sind die besten in der ganzen Stadt", ruft es vom gegenüberliegenden Tisch im gemütlichen Außenbereich des beliebten Café Stadtkind in der Alten Poststraße herüber. Wer Gast im Stadtkind ist, steht nicht selten vor einer besonders süßen Entscheidung. Es wartet eine große Auswahl an vielfältigen Kuchenspezialitäten und duftenden Waffel- oder Pfannkuchenverführungen. Bei den Kuchen und Torten gibt es neben den Klassikern wie Pflaumenstreusel vom Blech, Käsekuchen und Schwarzwälder Kirsch den sommerlichen Erdbeerfrischkäsekuchen oder Mandarinen-Schmandkuchen. Die Waffeln werden selbstverständlich mit heißen Kirschen und Vanilleeis serviert. Die Pfannkuchen kommen mit frischen Waldbeeren und Puderzucker auf den Tisch.

Im Café Stadtkind spürt jeder schon beim Betreten des heimelig eingerichteten Raumes mit den großen Glasscheiben, dass der Besitzer Achim Scheen eine echte Liebe für guten Kaffee und Kuchengenuss hegt. Auf seinem schönen Tresen aus Holz blitzt die silberfarbene Kaffeemaschine. Daneben steht die hohe und immer gut bestückte Kuchenvitrine aus Glas. Zur Tasse Kaffee gibt es einen kleinen, süßen Gruß aus der hauseigenen Backstube. Alle angebotenen Kuchen und Torten werden jeden Tag in Handarbeit von Achim Scheen frisch zubereitet und sind von bester Qualität bei allen Zutaten. Ein kleiner, aber wichtiger Tipp: Das Café Stadtkind hat nicht nur erwachsene Liebhaber, auch die ganz Kleinen sind gerne bei Achim Scheen und seinem sehr freundlichen Team. Denn zur Weihnachtszeit bietet das Stadtkind den jüngsten Besuchern eine bunte Lebkuchenhaus-Backwerkstatt mit allen Zutaten an. Die Werkstatt findet meistens am Nikolaustag statt und ist immer sehr schnell ausgebucht, da müssen die Eltern flott im Stadtkind sein.

- Café Stadtkind, Alte Poststraße 6, 57072 Siegen, Tel. (02 71) 31 39 41 89
www.stadtkind-siegen.de
- ÖPNV: ab Siegen ZOB Bus C105 und C106, Haltestelle Löhrtor oder Rathaus

Rendezvous mit Rubens

5

Das Siegerlandmuseum im Oberen Schloss

Dass man Peter Paul Rubens hier begegnen kann, ist dem Umstand zu verdanken, dass er 1577 in Siegen geboren wurde, allerdings unter pikanten Umständen. Sein Vater war nämlich wegen einer Liebesaffäre mit der Ehefrau des durchaus mächtigen Wilhelm von Oranien zu einer Gefängnisstrafe verurteilt worden und stand anschließend mitsamt Frau und Familie in Siegen unter Hausarrest. Schon ein Jahr nach der Geburt von Peter Paul zog es die Familie Rubens aber zurück nach Köln und später nach Antwerpen. Nichtsdestotrotz ist Siegen stolz auf seinen berühmten Sohn und so lassen sich im Museum neben einer reichen grafischen Sammlung mit Drucken und Stichen neun großformatige Rubensbilder bestaunen.

Lässt man sich bei einem Besuch zum Rendezvous mit den großen Ölgemälden auf einer der Bänke im Rubens-Raum des Museums nieder, fällt der Blick natürlich auf den großen Meister selbst, dessen Porträt erahnen lässt, wie selbstbewusst Rubens als grandioser Geschäftsmann mit europaweiten Kontakten agierte. Schon damals im beginnenden 17. Jahrhundert schuf er mit effektiven Produktionsmethoden und cleverem Marketing seine „Marke“ mit eigenem Copyright. Versinkt man für einen Moment in der Betrachtung der Bilder, kann man staunen über die Üppigkeit der Frauenkörper, Meilen entfernt vom heutigen Schönheitsideal, aber auch über die offene Zurschaustellung derselben in einer Zeit, der man nicht unbedingt einen liberalen Umgang mit Nacktheit zuschreibt. Welch glückliche Zeiten – ohne knebelnde Diäten und Verbote für alles, was sich wohlig auf die Hüften schmiegen könnte. Vielleicht gelingt es ja, ein wenig von all den Selbstoptimierungszwängen in den alten Gemäuern zurückzulassen, leichten Schrittes und unbeschwert nach draußen zu treten und diesem Gefühl bei einer Runde durch den Schlosspark genüsslich nachzuspüren.

TIPP
Das Museum beherbergt auch ein Schaubergwerk, in dem man in frühere Siegener Bergbauwelten eintauchen kann.

- Siegerlandmuseum, Oberes Schloss 2, 57072 Siegen, Tel. (02 71) 23 04 10
  www.siegerlandmuseum.de
- ÖPNV: ab Siegen ZOB Bus C107 Richtung Weidenau, Haltestelle Marburger Straße

Abends in der Oberstadt

6 Das Restaurant Bar und JIGGERS. Die Bar

Ob geschäftlich oder privat im Siegerland unterwegs, das besonders schön gelegene Restaurant Bar am Rande der Siegener Oberstadt ist ein Treffpunkt für Menschen, die Gesellschaft und Köstlichkeiten genießen möchten. Auf den bequemen Holzstühlen im lichtdurchfluteten Gastraum lässt es sich richtig gut sitzen, im diskreten Rahmen plaudern oder mit Geschäftspartnern treffen. Das geschmackvolle Interieur und die großformatigen Kunstwerke an den Wänden bieten eine angenehme Auszeit. Die saisonal angepassten Gerichte werden vom Team rund um Küchenchef Markus Boßlet und Restaurantleiter Sebastian Weiß als Augenschmaus und in bester Qualität auf den Tisch gebracht. Neben Fleisch- und Fischgerichten mit kreativ zubereiteten Beilagen gibt es auch viele vegetarische Kompositionen. Der Küchenchef lässt sich gern von Zutaten des heimischen Marktes inspirieren, mag Bodenständigkeit, wagt aber auch Neues, eine Fine-Dining-Crossover-Küche. Bei gutem Wetter können die Gäste wunderbar auf den schönen Außenterrassen oder dem beliebten Balkon Platz nehmen. Dort kann man in die Sonne blinzeln und dem Treiben auf der Löhrstraße hinauf zur Oberstadt zuschauen.

Perfekt zum Ausklang des Tages ist die JIGGERS-Bar im Untergeschoss. Barchef Joshua Schmidt bereitet hier mit seinem engagierten Team klassische Cocktails, Sours und eine Reihe von köstlichen Eigenkreationen zu. In dem olivgrün-goldenen Ambiente kann man in den Ledersesseln versinken oder direkt an der Bar dem Barkeeper beim Hantieren mit den „Jiggers" – das sind die kleinen Messbecher für das richtige Mischungsverhältnis – zuschauen. An einigen Event-Tagen gibt es Livemusik oder ein DJ legt auf, was über die sozialen Medien immer vorangekündigt wird.

Am schönsten ist so ein Cocktail, wenn man in einer lauen Sommernacht im an die Bar angrenzenden Garten sitzt, mit Blick in den Sternenhimmel, in Gedanken davonschwebend – ganz leicht von der Musik und dem Genuss eines Southside Fizz.

- Restaurant Bar & JIGGERS. Die Bar, Löhrstraße 51, 57072 Siegen, Tel. (02 71) 3 13 67 20 (Restaurant Bar) oder Tel. (02 71) 31 36 18 65 (JIGGERS) www.restaurant-bar.de, www.jiggers-bar.de
- ÖPNV: ab Siegen ZOB Bus C105 und C106 Richtung Weidenau, Haltestelle Löhrtor

Genussvolle Mischung

7 Der Mittwochsmarkt unterm Krönchen

Er ist klein und familiär. An 15 bis 20 Marktständen wird allerlei Feines präsentiert, das meiste davon stammt aus regionaler Erzeugung und ist in Bioqualität, vieles hausgemacht oder einfach ungewöhnlich. So findet man am Käsestand violetten Käse mit Lavendelblüten oder besonders gereiften Bergkäse. Am Stand des Biogemüsehofes locken die vielen selbst angebauten Salate und Gemüse, die frischer kaum sein könnten. Der Kartoffelstand bietet Sorten für jede Gelegenheit, daneben Pflanzensetzlinge in Hülle und Fülle für den Garten oder das Hochbeet. Am Stand vom Hofladen „Landpartie" gibt es immer neue Überraschungen: Das eine Mal sind es frische Wachteln, dann wieder Perlhuhn oder ein Braten vom selbst erlegten Wildschwein.
An zwei Ständen duften Biobrote aus Dinkel, Kamut und anderen Getreidearten. Verführerische Wurst- und Schinkensorten aus Italien, Spanien, Frankreich und Deutschland lässt man sich frisch aufschneiden und kann es kaum erwarten, sie zu Hause zu genießen. Gegen die aufkommenden Essgelüste bieten gleich mehrere Anlaufstellen Abhilfe, man muss sich nur entscheiden. Entweder wählt man persische Leckereien, wie zum Beispiel ein Kräuteromelette oder Walnuss-Baklava, das nach tausendundeiner Nacht schmeckt. Oder man entscheidet sich für syrische Falafel. Für die köstlichen hausgemachten Suppen bei „Kraut und Rüben" sollte man schnell sein, denn sie sind im Nu ausverkauft. Sitzend essen kann man dann auf den Stufen rings um den Markt.
Alles in allem erwartet einen hier ein genussvoller und entspannter Marktbesuch mit einem Hauch von Exotik, einem bisschen französischem Savoir-vivre und vielen guten Lebensmitteln. Und es gibt einen Extra-Service: Man kann nach dem Einkauf seine Taschen nebenan in der städtischen Galerie „Haus Seel" (Kornmarkt 20) abstellen und unbeschwert in aller Ruhe weiter durch Siegen bummeln. Spätestens um 18 Uhr sollte man sein Gepäck aber wieder abholen, denn dann schließt die Galerie.

- Am Markt (unterhalb der Nikolaikirche), 57072 Siegen
  www.mittwochsmarkt-siegen.de
- ÖPNV: ab ZOB Bus C105 und C105, Haltestelle Rathaus

Käse
100 g. 2.40
CAMEMBERT AU LAIT CRU

Der Siegener Nähpapst

8

Spezialnäherei und Taschenmanufaktur

Alle nennen ihn Heidi, selbst seine beiden Töchter, und sein Label heißt HighDi. Wie es dazu kam, ist eine längere Geschichte und hat mit seinem langen Nachnamen zu tun. Eigentlich war Joachim Heinrich Heidingsfelder Einzelhandelskaufmann und engagierte sich nebenbei in der Jugendarbeit. Aus dieser Zeit stammen seine ersten Näherfahrungen, als er Zelte für die Jugendgruppen reparierte. Vor 25 Jahren traf er dann eine Entscheidung, die ihn bis heute beseelt: Er tauschte alles ein gegen ein Leben mit seiner alten Pfaff, seiner Lieblingsnähmaschine mit 1,3 PS. Mit der lässt sich quasi alles nähen oder reparieren, was ihm unter die Nadel kommt. Viele bringen ihre Lieblingsstücke hierher, die viel zu schade sind zum Wegwerfen und an denen schöne Erinnerungen hängen. Das können Taschen sein, Gürtel oder Rucksäcke, an denen der Reißverschluss kaputt ist, die einen Riss bekommen haben oder an denen Verschlüsse nicht mehr funktionieren. Manchmal kommen auch Menschen zu ihm, die sehr spezielle Aufträge haben.

TIPP

Wer ein bisschen Zeit mitgebracht hat, kann sich im Café Flocke gegenüber einen Kaffee gönnen.

Das Nähen brachte er sich selbst bei und welche Freude ihm das macht, das spürt man sofort, wenn man seine bunte Werkstatt betritt und mit ihm ins Gespräch kommt. Begeistert erzählt er von seinen Materialien und zieht sie aus seinem reichen Fundus hervor: Leder, die unkaputtbar wirken und eine faszinierende Patina haben, Wollfilze in allen Farben, Fellstücke und natürlich Garne und Fäden, Nieten und Ösen in allen Ausführungen.

Wenn am Abend die letzten Kunden gegangen sind, nutzt er die Ruhe, um seine eigenen Produkte zu entwickeln. Taschen, die Käthe, Helga und Gustav heißen und an denen alles stimmen muss: gutes Material, perfekte Funktion und lange Haltbarkeit. Er liebt es aber auch, mit seinen Kundinnen und Kunden gemeinsam Ideen zu spinnen und sie bei der Kombination der Materialien zu beraten. Auf jeden Fall bleibt es etwas Besonderes, den Menschen, der die Tasche macht, selbst zu sehen und zu erleben: den Nähpapst, wie er leibt und lebt.

- Spezialnäherei Heidingsfelder, Marburger Straße 24, 57072 Siegen, Tel. (02 71) 2010 9, www.naehpapst.de
- ÖPNV: ab Siegen ZOB Bus C105 und C106, Haltestelle Marburger Straße

10
JAHRE IM EINSATZ
PRODUCT

Bella vista für 60 Cent

9

Das Parkhaus in der Oberstadt

Wer die Siegener Oberstadt besucht – immerhin lockt dort so mancher Glücksort– und mit dem Auto unterwegs ist, kann sich gleich beim Parken auf dem Siegberg den ersten Glücksmoment verschaffen: den Ausblick vom Oberdeck des Parkhauses in der Hinterstraße. Für die 60 Cent Parkgebühr kann man nicht nur für eine Stunde das Auto stehen lassen und sich auf Entdeckungstour durch Siegens historisches Herz begeben; man bekommt noch dazu gleich zum Auftakt ein wunderbares Panorama mitgeliefert. Von hier öffnet sich der weite Blick auf das städtische Leben, die Architektur, auf Plätze und Straßen der über 100.000 Einwohner zählenden Universitätsstadt Siegen.

Der erste Blick schweift über den Park im Viertel um die Friedrichstraße und selbst die Stadtautobahn wird von hier oben zu einem breiten Mäander, der sich durch die sieben grünen Hügel schlängelt, auf und zwischen denen Siegen sich verteilt. In der Ferne erblickt man auf dem Haardter Berg die zwei Türme der Universität im Stadtteil Weidenau. Rechts erkennt man die Senderanlage auf dem beliebten Sonnenhügel und das Wohngebiet Giersberg. Direkt vis-à-vis sieht man in der Ferne die grünen weitläufigen Wiesen auf der Kuppe des Wohngebietes Wellersberg. Der Blick vom Parkdeck vermittelt sehr exakt das Gefühl für das bewegte Auf und Ab in der grünsten Stadt Deutschlands. Allein der Blick auf die unterhalb liegende Siegbergstraße zeigt, wie hügelig es in Siegen ist. Mit Blick nach rechts lässt sich der von der Bürogemeinschaft modulbüro als Wohn- und Bürogebäude umgebaute Hochbunker in der Siegbergstraße erspähen, auch dieses Gebäude liegt an einem steilen Hang. Besonders reizvoll kann es sein, diesen Besuch – ganz kostenfrei auch ohne Auto – kurz vor Sonnenuntergang zu machen, wenn die Stadt auf sieben Hügeln im funkelnden Lichtermeer versinkt.

TIPP

Gleich nebenan im Café Cucù kann man sich nett zum Mittagessen niederlassen oder einen leckeren Imbiss mitnehmen (www.cafecucu.com).

- Parkhaus Rathaus – Markt APCOA, Hinterstraße, 57072 Siegen www.apcoa.de/parken/siegen/rathaus-markt
- ÖPNV: ab Siegen ZOB Bus C105 und C106, Haltestelle Rathaus

Würzige Höhenluft

10

Park und Kräutergarten am Oberen Schloss

Das Obere Schloss in Siegen ist vor allem berühmt, weil es etliche große Rubens-Originale beherbergt. Gleich nebenan gibt es schon seit 1888 für die Bürger der Stadt den Park, von dem aus man einen wunderbaren Blick über die Stadt und die nähere Umgebung hat. Es grünt und blüht, ältere Menschen sitzen zum Plausch auf Parkbänken und erfreuen sich an der Blumenpracht, denn die großen Beetflächen werden dreimal im Jahr neu bepflanzt. Im Herbst kommen 18.000 Blumenzwiebeln in die Erde, im Sommer finden etwa 35.000 Sommerblumen ihren Platz, sodass das Auge immer wieder etwas Neues zum Verweilen findet. Studenten nutzen die Rasenflächen oder an heißen Tagen den Schatten der riesigen Blutbuche neben dem Musikpavillon für eine Vorlesungspause. Man sieht junge Eltern, die mit ihren Kindern unterwegs sind zum Spielplatz.

TIPP

Südlich des Parks findet man auf drei Ebenen Spielplätze für die Kleinen und Outdoor-Angebote für Jugendliche.

Und die Morgensonne kann man in aller Ruhe fast wie auf einem Thron genießen: Eine Bank steht inmitten des Kräutergartens mit Blick auf die Schlosswiese, in die Nase strömt der Duft von Lavendel, Minze, Thymian. Und ganz nebenbei lernt man etwas über die circa 50 Kräuter, die hier stehen. Schon vor mehr als 500 Jahren soll hier eine Gräfin aus dem Hause Nassau heilende Kräuter zur Gewinnung von Elixieren gezogen haben. Der Park ist natürlich auch ein idealer Ort für Veranstaltungen: Wer Musik mag, findet sich am besten sonntags um 16 Uhr am Musikpavillon ein. Im Rahmen des Siegener Sommerfestivals kann man unter alten Bäumen neben dem Schloss Open-Air-Filme anschauen oder Bands und Theatergruppen sorgen für spannende, lustige, faszinierende Abende (das Programm findet man unter www.sommerfestival.de).

Hunger und Durst lassen sich stillen am Food-Truck, der ab und an seine Runde zum Oberen Schloss dreht, oder man packt sich selbst einen Picknickkorb und sucht sich ein schönes Plätzchen im Schatten, in der Sonne, mit Stadtblick oder ganz blumigen Aussichten. Auswahl gibt es jedenfalls genug.

- Schlosspark am Oberen Schloss, Burgstraße, 57072 Siegen
- ÖPNV: ab Siegen ZOB „Hübbelbummler“ oder Bus C105 und C106, Haltestelle Rathaus

Raute
Ruta
graveolens

Zwischen Schieferfassaden

11 Rundgang durch die Siegener Altstadt

Die Namen der Gassen erinnern an die Handwerkszünfte, die hier im Mittelalter beheimatet waren: Schlossergasse, Metzgerstraße, Löhrstraße. Den Rundgang durch die malerischen Altstadtgassen mit ihren Häusern in typischer Fachwerkbauweise startet man am besten unterhalb des Siegener Rathauses gegenüber der Touristeninformation. Zunächst geht es abwärts durch die Donzenbachstraße, um dann links in die Untere Metzgerstraße einzubiegen. Hier liegt gleich rechts die fast 400 Jahre alte Altstadtschänke, immer gut für ein zünftiges Bier. Ein paar Schritte weiter ein noch älteres Haus mit der Nummer 37. Auf der Fassade findet sich eine Aufschrift in Siegener Dialekt, die besagt, dass hier Peter Paul Rubens „dem Hörensagen nach“ im Jahr 1577 auf die Welt kam. Frühe „Fake News“, denn in Wirklichkeit wurde Peter Paul in der Burgstraße 10 geboren, in einem Haus, das im Zweiten Weltkrieg zerstört wurde.

TIPP
Das Altstadtfest am ersten Wochenende im September sollte man auf keinen Fall verpassen.

Man hält sich nun rechts und gelangt zur Hermannstraße, in der links ein auffällig bemaltes Haus liegt mit der Aufschrift „Wilhelm Rottmann“. Hier ist alles ein wenig in die Jahre gekommen, aber dadurch voller Charme. Unterhalb des Gebäudes findet sich ein Schild mit dem Hinweis „Weinlaube“. Allerdings ist diese Weinlaube nur geöffnet am ersten Samstag und Sonntag im September. Dann laufen die Bewohner der Altstadt zu Höchstform auf. Für den Samstag organisieren sie einen Flohmarkt, es gibt Trödel, leckeres selbst gemachtes Essen und die Gärten werden teilweise geöffnet und zu temporären Event-Locations mit Live-Musik und Straßentheater. Kurzum: gelebte und herzliche Nachbarschaft.

Aber auch an anderen Tagen lohnt sich der Bummel durch diese Gässchen. Über die Donzenbachstraße und Zaungasse geht man vorbei an Linden zum Pfarrer-Ochs-Platz. Hier steht die Marienkirche aus dem 18. Jahrhundert und den Platz säumen zahlreiche Fachwerkhäuser, die heute von Studenten-WGs belebt sind. Von hier aus führt ein Gässchen direkt zurück zum Rathaus.

- Siegener Altstadt
- ÖPNV: ab Siegen ZOB Bus C105 oder „Hübbelbummler“, Haltestelle Rathaus

ilh. Kottmann
Maler-Werkstätte.

Nachhaltig edel

12 Die Secondhandläden der Oberstadt

Hier bekommen edle Markenkleider, Kaschmirpullover oder einfach verrückte und besondere Teile ein zweites Leben. Gleich zwei wunderbare Secondhandläden finden sich in der Siegener Oberstadt: einmal der Laden von Angelika Ammel in der Löhrstraße und um die Ecke der von Dorothea Geppert in der Alten Poststraße. Auf jeden Fall sollte man fürs Shoppingglück vorher anrufen, denn beide haben spezielle Öffnungszeiten.

Man spürt, dass diese zwei Frauen ihre Läden mit Freude und Offenheit betreiben. Beide sagen, dass es für sie das Schönste sei, dass jeder Tag Überraschungen bringe. Sie wissen – anders als sonst in der Textilbranche – nie im Voraus, welche Schätzchen ihnen gebracht werden. Das macht ihren Alltag spannend und motiviert sie, ihre Schaufenster immer wieder neu und toll zu dekorieren. Mal verbreiten leuchtende Farben ein Sommergefühl, mal sanfte Töne pure Eleganz oder Wolliges ein Kuschelfeeling.

Im Inneren findet man alles von Blusen und Kleidern über Hosen, Jacken und Mäntel bis hin zu Schuhen und Accessoires. Die Frauen, die hereinkommen, suchen in der Regel etwas Individuelles, zunehmend spielt aber auch der Nachhaltigkeitsgedanke eine Rolle. Das ist vielleicht der Grund, warum immer mehr jüngere Kundinnen kommen, die weg wollen von der billigen Massenproduktion und den schnellen Trendwechseln in der Mode. Etliche Kundinnen kommen sogar regelmäßig von weiter her, aus Köln, Stuttgart oder Frankfurt. Alle Stücke sind handverlesen nach Qualität, Material und ausgefallenen Schnitten. Sie hängen farblich sortiert bereit, um probiert zu werden. Gerade die begrenzte, aber besondere Auswahl macht den Reiz aus. Und das Probieren macht hier eindeutig mehr Spaß als anderswo, weil die Frauen im Laden miteinander reden, lachen, sich gegenseitig einen Rat geben. Es sind kommunikative Orte für entspanntes Frau-Sein, an denen manchmal sogar Freundschaften entstehen. Und am Ende des Tages haben viele der guten Stücke vielleicht eine zweite Liebe gefunden.

- Secondhand Mode Angelika Ammel, Löhrstraße 24, 57072 Siegen, Tel. (01 76) 84 71 87 66
- Secondhand Mode Dorothea Geppert, Alte Poststraße 3, 57072 Siegen, Tel. (01 75) 24 80 76 0
- ÖPNV: ab Siegen ZOB Bus C105 und C106, Haltestelle Löhrtor oder Rathaus

Pizza zwischen Kühen

13 Ciao Pizza In-Biss in der Alten Poststraße

Es ist schon ein Glück, wenn man als Paar seit mehr als 24 Jahren quasi 24 Stunden am Tag das Leben teilt und dabei voller Spaß und Humor in polnisch-italienischer Allianz zusammenarbeitet. Seit 1996 zaubern Giovanni Giglio und Danuta Brzeska in ihrem Imbiss leckere Pizzen. Das Beste ist: Sie versprühen dabei immer gute Laune. Ihre Freundlichkeit zieht einfach an, und das montags bis samstags von 11.30 bis 21.30 Uhr.

Der Pizzateig wird von Giovanni so bereitet, dass die Textur genau stimmt und der Teig sich geschmeidig in einen tellergroßen, flachen Fladen ziehen lässt, der dann am Ende dünn und knusprig gebacken wird. Seinen Handgriffen sieht man an, wie passioniert er zu Werke geht – und obendrein mit wie viel Liebe. Auch die Tomatensauce wird selbst gekocht. Ganz bewusst kaufen die beiden die Zutaten für alles, was sie hier zubereiten, nicht im Großhandel, sondern bei kleinen lokalen Lieferanten oder Familienbetrieben. Die Zutaten werden vor Ort frisch verarbeitet, Mozzarella und Champignons, Gorgonzola, Zwiebeln oder Paprika geschnitten und je nach Sorte auf dem Teig schön angerichtet.

Man kann zwischen 26 Sorten Pizza wählen, sich aber auch eine individuell komponieren, ganz nach Lust und Laune. Dann kommen noch Extras dazu, zum Beispiel Salsiccia, Rucola, Parmaschinken oder Garnelen, und es entsteht eine herrliche neue Kreation.

Daneben gibt es verschiedene Salate und Pastagerichte und verdursten muss auch niemand. In der warmen Jahreszeit kann man an den unter Bäumen aufgestellten Tischen Platz nehmen und es sich schmecken lassen, mit Blick auf die kleine Herde Kühe, die samt künstlichem Bachlauf zu einem Ensemble aus Bronzeskulpturen in der Fußgängerzone der Alten Poststraße gehört. Im Sommer planschen die Kinder dort im Wasser, wagen einen Ritt auf dem Rücken einer Kuh und verlieren sich lachend im Spiel. Gute Stimmung steckt eben an.

- Ciao Pizza In-Biss, Alte Poststraße 19, 57072 Siegen, Tel. (02 71) 57 49 6
  www.pizza-ciao-siegen.de
- ÖPNV: ab Siegen ZOB zu Fuß oder mit Bus C105 und C106, Haltestelle Löhrtor oder Rathaus

Uniluft schnuppern

14 Die Cafeteria am Campus Unteres Schloss

Die Universität prägt die Atmosphäre der Siegener Innenstadt seit einigen Jahren und verbindet durch gute Architektur die Studienorte mit zentralen und bekannten Gebäuden in der Stadt: Hörsaal und Seminarzentrum im Teil des Karstadt-Gebäudes, eine Bibliothek als moderner Baukörper direkt an der denkmalgeschützten Schlossanlage, Büro- und Seminarräume im ehemaligen Stadtkrankenhaus. Die Uni ist in die Stadt eingezogen und so ist der Campus Unteres Schloss zu einer Begegnungsstätte für Kultur, Unialltag und städtisches Leben geworden. Seit dem Sommer 2020 schmiegt sich ein neues architektonisches Highlight an den Hang zwischen Obergraben und Grabenstraße. Die Mensa mit Cafeteria, Lounge und Bistro am Campus Unteres Schloss. Ein unter Denkmalschutz stehendes Stück der historischen Stadtmauer aus Bruchsteinen ist der besondere Blickfang bei diesem vierstöckigen Gebäude. Die Stadtmauer nimmt eine Doppelfunktion ein, ist gleichzeitig Außen- und Innenwand. Die dadurch erzeugte Spannung kann gleich beim Betreten des Gebäudes erlebt werden.

Die neue Uni-Cafeteria sticht mit einem modernen Küchenkonzept ins Auge und wirkt wie eine Art Markthalle mit verschiedenen Kochthemenbereichen und trubeligem Treiben der Studentinnen und Studenten. An einer Grillstation mit Gyrosspieß, einer Wokstation oder beim Pizzaofen kann jeder beim Kochen und der Zubereitung der Speisen zuschauen. Viele herzhafte Köstlichkeiten locken sowohl Studierende als auch Gäste zum kostengünstigen Imbiss, an der Cafébar versüßen Kuchen und Gebäck eine Kaffeepause. Die Ausstattung mit bequemen Sitzgelegenheiten, tollem Lichtkonzept und vielen bunten Wänden gibt der wertvollen Pause zwischendurch viel Leichtigkeit. Die Türen sind offen für jeden, der Lust hat, ein wenig Uniluft zu schnuppern. So macht Studieren Spaß, denkt man sich.

- Cafeteria am Campus Unteres Schloss, Zugang Grabenstraße, 57072 Siegen, Tel. (02 71) 74 00 , www.uni-siegen.de/start/news/bau/campimbau
- ÖPNV: ab Siegen ZOB zu Fuß oder mit Bus C105 und C106, Haltestelle Löhrtor

Theater im Kaufhaus

15 Das Bruchwerk Theater in der Oberstadt

Diesen Spielort in einem ehemaligen Kaufhaus mitten in der Siegener Innenstadt gibt es seit 2019. David Penndorf, der schon seit 2008 mit seinem tollMut Theater zahlreiche Stücke an ungewöhnlichen Orten in Siegen inszeniert hat, fand in Milan Pešl und Tim Lechthaler passionierte und professionelle Mitstreiter mit langjähriger Bühnen- und Regieerfahrung. Allen gemeinsam geht es darum, in Siegen neue Theaterstrukturen aufzubauen, und so schufen sie diesen Ort.

Die Studiobühne hat 80 bis 90 Plätze, man sitzt also nah am Geschehen. Diese Nähe erleichtert es auch nach der Aufführung, dass sich im Foyer an der Theke Gespräche zwischen den Besuchern oder aber auch mit den Schauspielern oder Regisseuren entwickeln. Den Theatermachern im Bruchwerk geht es genau darum: Theater soll zwischen Menschen stattfinden, die Diskussion der Eindrücke ist erwünscht. Die Auswahl der Stücke von meist zeitgenössischen Autoren unterstützt dieses Anliegen und es funktioniert. Man verbringt spannende Abende dort und geht mit vielen neuen Impulsen nach Hause.

Einzigartig schon die Konzeption des Bruchwerks: Es gibt die Schauspielsparte, die Eigenproduktionen mit professionellen Schauspielern realisiert, und die tollMut-Werkstatt, in der interessierte Amateure eigene Stücke auf die Bühne bringen. Beide Ebenen sind verzahnt durch ein inhaltlich abgestimmtes Workshop-Angebot, für das sich alle anmelden können, die neugierig sind und sich selbst Formen der Theaterarbeit annähern möchten. Auf der Internetseite kann man sich informieren, welche Workshops es aktuell gibt. Das Bruchwerk Theater ist also tatsächlich ein Ort, an dem Theater entsteht.

Die Produktionen und Workshops sind allerdings sehr beliebt, sodass man sich rechtzeitig um Karten bzw. Anmeldungen kümmern sollte. Manchmal hat man aber auch an der Abendkasse Glück oder es findet sich noch ein leerer Stuhl zum Aufstellen.

- Bruchwerk Theater, Siegbergstraße 1, 57072 Siegen, Tel. (02 71) 80 91 89 68 www.bruchwerk-theater.de
- ÖPNV: zu Fuß vom Bahnhof oder ab Siegen ZOB Bus R10, Haltestelle Kölner Tor

Kurztrip nach Italien

16 Die Aperitivo-Bar in der Kölner Straße

In Norditalien schätzt man diese Kultur, sich nach Feierabend auf einen Drink mit Freunden zu treffen, mit einem Aperitivo anzustoßen und genussvoll und entspannt in den Abend überzugehen. Mit einem Aperitivo ist nicht nur das Getränk gemeint, sondern ein Ritual, um nach dem Tagwerk ein wenig innezuhalten und – wie der Name sagt – vorbereitend den Magen zu öffnen für das Abendessen. Am meisten Spaß macht das natürlich zusammen mit Freunden. Seit Oktober 2020 hat Bruno Puddu mit seiner Aperitivo-Bar diese Kultur auch in Siegen etabliert. Die Öffnungszeiten finden sich immer aktuell auf der Homepage. Man hat die Wahl zwischen verschiedenen Aperitivi, von Aperol Spritz bis hin zum Negroni und alkoholfreien Kreationen. Zu jedem Getränk gibt es kleine Häppchen, mal ein Stück Focaccia, ein paar Oliven und eine Scheibe Schinken, mal andere überraschende Nettigkeiten. Wer schon etwas mehr Hunger mitbringt oder sich das Abendessen schenken möchte, kann sich einen Holzteller voller Antipasti bestellen. Der ist wahlweise mit üppig belegten Crostini oder einer von Bruno frisch aufgeschnittenen Auswahl von italienischem Schinken, Salami oder Käse bestückt, den sogenannten taglierini. Wer mag, bekommt natürlich auch gerne eine vegetarische Variante. Auf bequemen Barhockern schaut man entweder durchs Schaufenster dem Treiben in der Kölner Straße zu oder man lässt an einem der Stehtische den Blick über die Auswahl an piemontesischen, sardischen und toskanischen Spezialitäten schweifen, die man dort auch erwerben kann. Auch Weinliebhaber kommen hier auf ihre Kosten, denn statt eines klassischen Aperitivo kann man natürlich auch mit einem Glas Wein den Feierabend einläuten. Und so träumt man sich, den Duft von Oliven, Zitrone und mehr in der Nase, kurzerhand nach Italien.

TIPP

Hinter der Bar befindet sich die Osteria Gusto Puro für den großen Pizza- und Pastahunger.

- Gusto Puro, Kölner Straße 10, 57072 Siegen, (02 71) 38 75 42 41 www.gusto-puro.de
- ÖPNV: ab Siegen ZOB Bus C105 und C106, Haltestelle Rathaus

Henner & Frieder

17 Die Siegener Ampelmännchen

Seit Herbst 2019 heißt es an vier bekannten Straßenkreuzungen in Siegens Innenstadt: „Bei Henner gehen, bei Frieder stehen". So regeln die beiden Herren in guter Tradition die Fußgängerströme von Einheimischen und Touristen an den Straßenübergängen Kölner Tor, Reichwalds Ecke, an der Kreuzung Hagener Straße/In der Hüttenwiese in der Unterstadt und in der Oberstadt an der Kreuzung Marburger Straße/Am Klubb.

Die beiden Figuren stehen für die industrielle Vergangenheit der Region und sind damit neben dem „Krönchen", der goldenen Spitze der Nikolaikirche, Wahrzeichen der Stadt Siegen. Henner, der Bergmann, und Frieder, der Hüttenmann, erinnern an die lange und besondere Geschichte des Siegerländer Erzbergbaus sowie an die für Siegen bis heute wichtige Eisen- und Stahlindustrie. 1902 schuf der Siegener Bildhauer Friedrich Reusch die Bronzefiguren. In den vergangenen Jahren haben sie wegen der spektakulären Neubaumaßnahme „Siegen – zu neuen Ufern" ihren Standort gewechselt. Seit 2015 stehen sie einander auf den Brüstungen der Oberstadtbrücke fest gegenüber und haben von dort aus einen Premiumausblick auf die Sieg, das neue Siegufer und genüsslich flanierende oder geschäftig dahineilende Menschen. Denn diese Brücke ist die direkte Verbindung zwischen der Siegener Ober- und Unterstadt und folglich gut besucht.

Dass diese beiden für die Stadtgeschichte symbolischen Figuren auch als rot und grün leuchtende Ampelmännchen an vielen wichtigen Stellen Besucher und Bürger sicher über die Straße helfen, ist eine gute Idee. Sie leuchten den Weg und schaffen Atmosphäre, verändern in einem kleinen Detail das Stadtbild und machen aufmerksam. Und immer wieder hört man jemanden an den Kreuzungen flüstern: „Bei Henner darfst du gehen, bei Frieder bleibst du stehen." Das ist doch kinderleicht zu merken.

- Oberstadtbrücke zwischen Brüder-Busch-Straße und Kölner Tor, 57072 Siegen
- ÖPNV: zu Fuß vom Bahnhof oder ab Siegen ZOB Bus R10, Haltestelle Kölner Tor

warte

Ideen Raum geben

18 Der Pop-up-Store des Gründerwerks in Siegen

Wer mit guten Ideen im Kopf in Siegen studiert, arbeitet oder eine praktische Ausbildung macht und an eine Existenzgründung denkt, findet seit 2019 mit dem Gründerwerk in der Kölner Straße einen ganz außergewöhnlichen Ort für die Umsetzung der eigenen Geschäftsidee. Das Gründerwerk befindet sich in Trägerschaft der Sparkasse Siegen und des Siegerlandfonds. Ein äußerst kompetentes Team begleitet Gründungswillige sensibel Schritt für Schritt auf ihrem Weg in die Selbstständigkeit. Der wertvollste Schatz in diesem einzigartigen Angebot sind die vielen möglichen Formen der Vernetzung. Angefangen von den modular ausgestatteten Räumen über ein umfassendes Angebot an passgenauer Beratung bis hin zu kreativen Workshops oder Impulsvorträgen – so gelingt regionale Förderung!

Der neben dem Gründerwerk liegende Pop-up-Store gibt Gründern die Chance, sich selbst, ihre Geschäftsidee oder ihre innovativen Produkte zu präsentieren und erste Schritte in der Kundenansprache und im Marketing zu gehen. Der loungeartige Raum mit seinem besonderen Mobiliar, einer großen Fensterfront und einem goldgerahmten Stückchen Tapete an der freigelegten Mauerwand, das an die vorherigen Ladenbesitzer erinnert, bietet Platz, um kreative Gedanken auszuleben und gute Ideen auch denen, die am Schaufenster vorbeischlendern, sichtbar zu machen.

So präsentieren sich neben kleinen Manufakturen auch Designer, Coaching-Agenturen und Start-ups mit technischen Innovationen. Jedes Mal ist es spannend, all diese neuen und zumeist guten Ideen im Pop-up-Store des Gründerwerks zu entdecken. Der Laden lädt ein, durch die Tür zu treten, neugierig zu sein und mit den kreativen Köpfen, die hinter den Produkten stehen, ins Gespräch zu kommen. Und so kann es sein, dass man anschließend etwas gänzlich Neues, das es sonst vielleicht noch nirgendwo gibt, stolz mit nach Hause nehmen kann.

- Pop-up-Store Gründerwerk, Kölner Straße 28, 57072 Siegen, Tel. (02 71) 59 61 30 7
www.s-level-up.de
- ÖPNV: ab Siegen ZOB Bus C111, C130, R10 oder R16, Haltestelle Kölner Tor

Schaufensterkunst plus

19 Städtische Galerie „Haus Seel" in der Oberstadt

Beim Bummeln über den Marktplatz kann es sein, dass ein Schaufenster ganz besonders ins Auge springt: das des Hauses Seel. Es ist ungewöhnlich, dass eine städtische Galerie auf diese Weise einen Dialog zwischen den Künstlern und den Betrachtenden eröffnet. Schaut man genauer hin, wecken hier immer neue Präsentationen die Neugier. Mal steht ein Mann auf einer Leiter, dessen obere Körperhälfte im Unsichtbaren verschwindet, mal sind es Monitore, auf denen Videoinstallationen zu sehen sind, dann wieder füllen leuchtend gelbe Objekte den gesamten Fensterraum. Das Schaufenster wird so zu einem Übergang von draußen nach drinnen und führt geradewegs hinein in die Ausstellung.

Seit 1962 gibt es diesen Ausstellungs- und Veranstaltungsort der Stadt. Die besondere Architektur mit den Lichtkuppeln im Dach inszeniert die Kunst im oberen der beiden Stockwerke auf wunderbare Weise. Ungefähr zehnmal im Jahr stellen unterschiedliche Gäste hier aus. Durch die enge Kooperation mit dem Fachbereich Kunst der Universität zeigen hier die Studierenden ihre spannenden Arbeiten. Aber auch die Arbeitsgemeinschaft Siegerländer Künstlerinnen und Künstler und der Kunstverein Siegen sowie andere Gruppen und einzelne Künstler nutzen die Räumlichkeiten für die Ausstellung ihrer Werke. So entsteht eine enorm große Vielfalt an Exponaten. Das können Skulpturen, temporäre Installationen, große Ölgemälde, Fotografien und vieles mehr sein. Es herrscht eine fast familiäre Atmosphäre.

Kunst lässt sich hier von Dienstag bis Sonntag, 14 bis 18 Uhr, hautnah erleben und fast immer ist jemand in der Galerie, um Informationen zu geben oder Fragen zu beantworten. Jedes Jahr findet auch eine der zahlreichen Auftaktveranstaltungen des Kunstsommers hier statt: immer Anregendes, manchmal Witziges, oft Kunst zum Mitmachen – also ganz nah dran an den Menschen, die vorbeikommen. Wer sich darauf einlässt, geht fast immer „beseelt" nach Hause.

- Städtische Galerie „Haus Seel", Kornmarkt 20, 57072 Siegen, Tel. (02 71) 40 43 05 7
- ÖPNV: ab Siegen ZOB Bus C105 und C106, Haltestelle Rathaus

Auf zu neuen Ufern

20 Die Stufen am Siegufer

Flüsse sind Lebensadern und in vielen Städten prägen sie wesentlich deren Atmosphäre. Auch Siegen war von jeher eine Stadt am Fluss, aber die Sieg spielte vor allem eine wichtige Rolle als Kraft- und Energiequelle für die Hammerwerke der Eisenindustrie. Es gab daher Zeiten, in denen die Sieg alles andere war als ein Wohlfühlort. Ihr Wasser war verschmutzt und manches Mal trat sie auch über die Ufer. Ab 1968 ließ man sie kurzerhand unter dickem Beton verschwinden. Die Innenstadt sollte damals dem Auto gehören. So wurde der Fluss mit Parkdecks überbaut und damit für fast 50 Jahre quasi unsichtbar.

Ab 2012 aber hat man die Sieg wieder zum Leben erweckt. Schritt für Schritt wurde sie befreit, nachdem in Kooperation mit der Universität Siegen umfangreiche Untersuchungen zum Hochwasserschutz angestellt worden waren. Das Parkdeck wurde abgerissen, das Flussbett renaturiert und inselweise bepflanzt. Drei neue Brücken führen über die Sieg. Eine davon ist die Oberstadtbrücke, die man am Sieg-Ufer unterqueren kann. Dort entstand nach einem Wettbewerb eine Linienzeichnung in Grüntönen, die das Höhenprofil von Siegen auf sehr abstrakte Weise grafisch wiedergibt.

Direkt am Ufer liegt nun als Attraktion eine etwa 180 Meter lange Treppenanlage mit Stufen aus hellem, fast weiß anmutendem Beton. Auf diesen oder den integrierten Holzbänken lässt es sich wunderbar sitzen und aufs Wasser schauen. Dieser Fleck ist im Sommer ein belebter Ort, an dem die einen nach dem Einkaufsbummel verschnaufen, andere ein Eis schleckend tagträumen. Tagsüber findet man hier ein sonniges Plätzchen am Wasser, in das man an heißen Tagen die Füße tauchen kann. Am Abend wandeln sich die Sieg-Stufen zu einem stimmungsvoll beleuchteten Ort, einem Treffpunkt für eine bunte Mischung von Menschen, die sich bei einem Drink begegnen oder einfach ein bisschen eintauchen möchten ins Miteinander des Stadtlebens.

TIPP

Ein kurzer Film mit dem Titel „Ufer-Metamorphose" findet sich auf youtube.com.

- Stufenanlage an der Sieg, Brüder-Busch-Straße, 57072 Siegen
- ÖPNV: von Siegen ZOB fußläufig erreichbar

Underground-Feeling

21 dee2 – Verein für moderne Musik und Kultur e. V.

Kurz knirscht der Schotter unter den Füßen, dann geht's auch schon die Treppe hinunter und man findet sich unter der Erde wieder, im coolsten Club Siegens. Die Ziegelsteinwände, Gewölbe und verschiedenen Ebenen geben diesen Räumen seit 25 Jahren einen ganz eigenen Charakter. Die alten Wände reflektieren das farbige Licht, alles wirkt ein bisschen trashig; je nachdem, wo man steht, gibt es immer wieder andere Perspektiven: Von der oberen Ebene fällt der Blick hinunter auf die Tanzfläche, dann wieder in kleine Nischen, in denen man ein wenig abseits eine Tanzpause einlegen kann.

Im Zentrum stand und steht immer die Musik, an der sich ein kleines und sehr gemischtes Publikum begeistert: für Fans von Techno, Minimal House, D'n'B und Hip-Hop ist das dee2 ein echter Insider-Tipp in ganz Deutschland. Sechs Leute – alle ehrenamtlich – halten den Laden am Laufen. Dazu gehört Björn Schachte, einer der Initiatoren des dee2, der selbst auflegt. Er spielt ausschließlich Vinyl und man kann sich vorstellen, wie immens seine Sammlung an Platten sein muss. Aber es kommen auch Gast-DJs aus Köln oder Frankfurt, aus den USA, Japan oder den Niederlanden hierher. Zusätzlich zur Musik kreieren manchmal VJs noch Projektionen im Raum. Das Publikum ist offen, meist sehr begeisterungsfähig und so wird getanzt und gefeiert bis in die frühen Morgenstunden. Oder bis der Nachtbus kommt.

TIPP

Wer lieber schwimmt, sollte sich ein Ticket für das Warmwasserfreibad Kaan-Marienborn kaufen.

Zweimal im Monat ist das dee2 geöffnet. Dann geht es nicht immer ums Abtanzen, sondern um durchaus unterschiedliche Veranstaltungen. Es gibt Live-Konzerte, schräge kleine Theaterproduktionen, Abende mit Lyrik, ab und an einen Singer-Songwriter-Contest oder einmal im Jahr den Siegener Poetry Slam. Und immer verleihen die ungewöhnliche Raumsituation, das Lichtkonzept und die Menschen, die hier zusammenkommen, den Veranstaltungen etwas ganz Besonderes, das man lange in Erinnerung behält.

- dee2 – Verein für moderne Musik und Kultur e. V., Hauptstraße 86 (Eingang über Ladestraße), 57074 Siegen, www.dee2.de
- ÖPNV: ab Siegen ZOB Bus R12 Richtung Burbach oder R13 bzw. N6 Richtung Wilnsdorf, Haltestelle Kaan-Marienborn, Eisenhüttenstraße

Urban Gedäh

22 Der MOANET-Store in der Unterstadt

Dennis Henkel hat mit seinem urbanen Label MOANET eine Werkstatt der Kreativität in der Siegener Unterstadt geschaffen. Sein Kopf ist voller Ideen, die er mit unglaublichem Elan umsetzt, und es gelingt ihm, mit seinen Schöpfungen moderne Streetwear und den brodelnden Charme traditioneller Eigentümlichkeiten zu verbinden. Mit seiner einzigartigen Kollektion „Respect the Dialect“ lässt Dennis Henkel das Seijerlänner Platt, die Mundart der Region, hochleben. Das funktioniert so wunderbar, weil Dennis Henkel, der selbst aus der Gegend kommt, begeistert ist vom Landleben und seinen Kunden ein Stück vom Glück auf dem Land mitgeben möchte. Jedenfalls erreicht er mit seiner Philosophie der Dorfästhetik viele Leute und sein Fanclub ist groß.

TIPP

Mit einem bunten Frozen-Yoghurt-Becher vom Picknicker nebenan lässt sich der Tag versüßen.

Ein Platz auf dem rosaroten Sofa im MOANET-Store ist montags bis samstags von 11 bis 19 Uhr immer frei für einen kurzen Talk mit dem gelernten Grafik- und Kommunikationsdesigner aus Herdorf. Und Caro, die beste Mitarbeiterin der Welt, zeigt in aller Ruhe bei einem Glas Limo aus dem Kühlschrank die ganze Kollektion. Es fällt nicht leicht, sich für ein Lieblingsstück zu entscheiden. In den grafischen Designs der Pullover, T-Shirts, Jacken, Hosen und Kappen, die auf Birkenholzästen aus dem Siegerländer Hauberg im Showroom präsentiert werden, vereinen sich feines Layout, Dialekt und Witz. Wie wäre es zum Beispiel mit Redewendungen aus dem Siegerländer Platt, wie „Lälles“ (jemand, der zu viel redet), „Nodda“ (Auf Wiedersehen), „unducht“ (unartig) und „et Loa“ (Sie) und „Hä loa“ (Er)? Bei der Kollektion „Respect the Dialect“ kann man all das perfekt grafisch aufbereitet auf den Kleidungsstücken entdecken. Und am Ende packt die liebe Doro vielleicht ein weißes T-Shirt mit „Mettdong“(Mettstulle)-Aufdruck ein oder den kuscheligen Hoodie mit dem Lieblingsspruch von Dennis Henkel drauf: „DORF. frische Luft kommt von dort“.

- MOANET-Store, Sandstraße 9, 57072 Siegen, Tel. (02 71) 31 30 24 80
www.moa-net.de
- ÖPNV: ab Siegen ZOB Bus C111, Haltestelle Kölner Tor

HÄ LOA
MOANET · MOANET · MOANET

Meisterhafte Verführung

23 das naschwerk von Markus Podzimek in Siegen

Schokolade macht bekanntlich glücklich – und sie ist die Leidenschaft von Markus Podzimek. „Passion Chocolate“ steht auf dem Hemd des Oscar-Preisträgers der Schokoladenkunst. Auf jeden Fall gehört er zu den besten Chocolatiers der Welt und ist Genussbotschafter der Region. Er kreiert selbst die Rezepte für all seine Produkte und stellt sie mit seinem Team im Stammhaus des Familienbetriebs in Neunkirchen her. Die ausgewählten Zutaten von hoher Qualität sind das Geheimnis, gepaart mit sowohl traditioneller Handwerkskunst als auch moderner Technologie in der Herstellung.

Betritt man die heiligen Hallen des Maître Chocolatiers, kann man den Verlockungen schier nicht widerstehen. In den Vitrinen finden sich über 70 Sorten Trüffel und Pralinen, innovative Kreationen in faszinierenden Kombinationen, die wahre Geschmacksexplosionen am Gaumen auslösen. Daneben, an der Schokoladentheke, kann man sich aus den frisch geschöpften Schokoladenstücken seine ganz eigene Kollektion zusammenstellen, falls es einem überhaupt gelingt, sich zu entscheiden. Denn eine Sorte sieht leckerer aus als die andere. Der Blick schweift über dunkle Sorten in vielen Varianten, weiße Schokoladen mit köstlichen Zugaben und Vollmilchschokolade mit karamellisierten Mandeln. Zusätzlich finden sich an der Wand Regale mit bereits fertig verpackten sortenreinen Grand-Cru-Tafeln. Der verwendete Kakao stammt aus den besten Anbauregionen der Welt. Wer bis dahin all den Schokogenüssen widerstanden hat, wird garantiert bei den Torten und Törtchen schwach, die täglich frisch in riesiger Vielfalt und von Hand gefertigt werden. Sie verheißen knuspriges oder zart schmelzendes, schokoladiges oder fruchtiges Gaumenglück. Oder aber alles zusammen und gleichzeitig.

Auf jeden Fall sollte man das Kalorienzählen an naschwerk-Tagen besser aufgeben und sich ganz der Verführung hingeben.

TIPP

Unbedingt die Eiskreationen im naschwerk probieren. Besonders empfehlenswert: Yoghurt-Maracuja.

- das naschwerk, Am Bahnhof 17, 57072 Siegen, Tel. (02 71) 23 16 47 3
  www.dasnaschwerk.de
- ÖPNV: von Siegen ZOB fußläufig erreichbar

Wie im Märchen

24 Das Siegener Sommerfestival

Jedes Jahr zwischen Juni und August gibt es magische Abende in der Innenstadt: Mal sind es bunt schillernde Riesenwesen, die den Unteren Schlossplatz bevölkern, mal Insekten in fantastischer Vergrößerung, mal Artisten, die – begleitet von einem atemberaubenden Feuerspektakel – durch den nächtlichen Himmel zu fliegen scheinen. Nicht bei allen Veranstaltungen des Sommerfestivals geht es so rauschend zu wie bei solchen spektakulären Performances. Es gibt daneben viele kleinere Veranstaltungen mit Musik, Comedy, Kabarett und Poetry Slam auf der Bühne im Innenhof des Oberen Schlosses. Über sich nur das Blinken des Sternenhimmels, während die alten Bruchsteinmauern noch ein bisschen die Wärme des Tages abstrahlen. Dort gleich um die Ecke findet auch das Open-Air-Kino statt. Man sitzt unter Baumriesen und genießt cineastische Häppchen mal ganz anders.

Seit mehr als 30 Jahren organisiert SiegenKultur dieses vielfältige Programm. Dazu gehört auch ein Kindertheater-Angebot am Samstagnachmittag im Schlosspark. Finanziert wird das Ganze überwiegend von der Stadt und zahlreichen Sponsoren, das Publikum wird aber per Hutsammlung um einen Obolus gebeten. Bei schlechtem Wetter werden Ausweichspielstätten angeboten, so finden verschiedene Programmpunkte in manchen Jahren eine trockene Bleibe in einem historischen Spiegelzelt, das in den 1930er-Jahren als mobiler Tanzpalast errichtet wurde.

Ein besonderes Highlight des Festivals ist seit etlichen Jahren die Nacht der 1000 Lichter, bei der mehr als 5000 Fackeln, Kerzen und Scheinwerfer ein märchenhaftes Szenario von den Siegstufen in der Unterstadt bis hinauf zum Oberen Schloss schaffen. Die normale Straßenbeleuchtung ist erloschen, stattdessen werden Fassaden und Bäume in buntes Licht getaucht, Wege sind von Tausenden Teelichtern gesäumt. Da fällt es schwer, sich zwischen Verweilen und Weiterschlendern zu entscheiden. Am besten plant man viel Zeit für beides ein.

- Siegener Sommerfestival, Termine und Programm unter www.sommerfestival.com

Hundeglück

25 Die Wiese am Wellersberg

Wer auch seinem geliebten Vierbeiner einen Glücksort in und um Siegen schenken möchte, der sollte als Treffpunkt für Fellnasen die große Wiese am oberen Wellersberg wählen. Idealer Ausgangspunkt ist der öffentliche Wanderparkplatz „Tiergarten" am Ende des Güterweges im Stadtteil Weidenau. Von hier aus geht es je nach Lust und Laune auf unterschiedlich lang markierten Rundwanderwegen von 1 bis 2,5 Stunden durch den Siegener Stadtwald.

Unter sattgrünen Laubdächern von Buche, Eiche und anderen Laubhölzern lässt es sich auch an heißen Sommertagen vor der Sonne gut geschützt mit den Hunden laufen. Beliebt bei den Vierbeinern sind die oberirdischen Wurzelverzweigungen der Bäume, in denen sich das Regenwasser sammelt. Hier verweilt jeder durstige Hund gerne mal ein bisschen zur Erfrischung. Der Waldboden, weich und angenehm beim Laufen, schwingt bei jedem Schritt von Mensch und Tier mit. Zahlreiche Ruhebänke laden zwischendurch zum Verweilen ein. Vorbei am beeindruckenden Damwild-Schaugehege und naturnahen Erlebnisparcours geht es ein bisschen bergauf und bergab, aber alles ganz entspannt und ohne Mühe.

Trifft man dann auf die geteerte Panzerstraße und folgt ihr Richtung Süden, gelangt man bequem zur sogenannten Panzerwiese. Die verdankt ihren Namen dem Umstand, dass der Bereich bis 1994 von der belgischen Armee als Übungsgelände genutzt wurde. Heute ist die gesamte Fläche bis zur Trupbacher Heide ein Naturschutzgebiet und wird mit Schafen und wild lebenden Mufflonherden beweidet. Erreicht man aus dem Stadtwald kommend die Panzerwiese, eröffnet sich am Ende des Waldes ein beeindruckender Weitblick über ausgedehntes Gelände und grüne Hügel, zwischen denen die Siegener Innenstadt mit dem Krönchen zu sehen ist. Die gemähten Wiesenflächen dort laden zum Toben und Spielen ein und sicher ist eines: Hier bleibt kein Hund lange allein.

● Wanderparkplatz Tiergarten, Ende Güterweg, 57076 Siegen

Bunte Leichtigkeit

26 Schwebend entspannen in einer Villa in Siegen

Die Villa am Rosterberg gibt es schon lange. Davon zeugen die knarzenden Treppen, die schön geschnitzten Türzargen und hölzernen Wandverkleidungen. Ein Haus, das schon beim bloßen Anblick glücklich macht! Und dann fasste da noch vor zehn Jahren Marfrie Tonkowski den Entschluss, aus diesem Haus etwas Besonderes zu machen: einen Ort, an dem Menschen auf verschiedene Weise zusammenkommen können. Als Physiotherapeutin und Heilpraktikerin ist es ihr wichtig, ganzheitlich zu arbeiten und vielseitige Angebote unter einem Dach machen zu können.

So ist ganz oben im zweiten Stock Platz für Begegnung. Hier finden Coachings, Teamtage, familientherapeutische Angebote und Gesundheitsberatungen statt. Der erste Stock wiederum steht unter dem Motto „Bewegung“ mit Yoga, Achtsamkeitstraining, Qigong und Meditation durch verschiedene Therapeuten. Das alles spielt sich in Räumen ab, die dazu wie gemacht sind: Sie sind groß und hoch und sie strahlen Ruhe aus, was nicht zuletzt an dem besonderen Lichtkonzept im Haus liegt. So scheint der größte der Räume endlos erweitert in einen alten Gewölbegang, eine verblüffende optische Täuschung.

Im Hochparterre finden physiotherapeutische Behandlungen statt und hier, neben dem schön illuminierten Wartebereich, findet sich auch die Thermospa-Liege. Rot schimmert die Oberfläche, wechselnd zu Pink und Blau, was vor dem Halbrund des indirekt beleuchteten Raumes sehr besonders anmutet. Und floatet man erst auf dem warmen, beweglichen Wasserpolster, wird der Körper ganz leicht und die Schwingungen der Aquajet-Massage lösen nahezu alle Verspannungen. Alles schwebt und man möchte die Liege gar nicht mehr verlassen. Für dieses Erlebnis kann man jederzeit Termine machen und sich so zwischendurch eine wunderbare Auszeit gönnen, in der Glück körperlich fühlbar wird.

- Marfrie Tonkowski, Rosterstraße 49, 57074 Siegen, Tel. (02 71) 23 39 44 6
  www.tonkowski-heilpraktikerin.de
- ÖPNV: ab Siegen ZOB Bus C102, Haltestelle Ählstraße

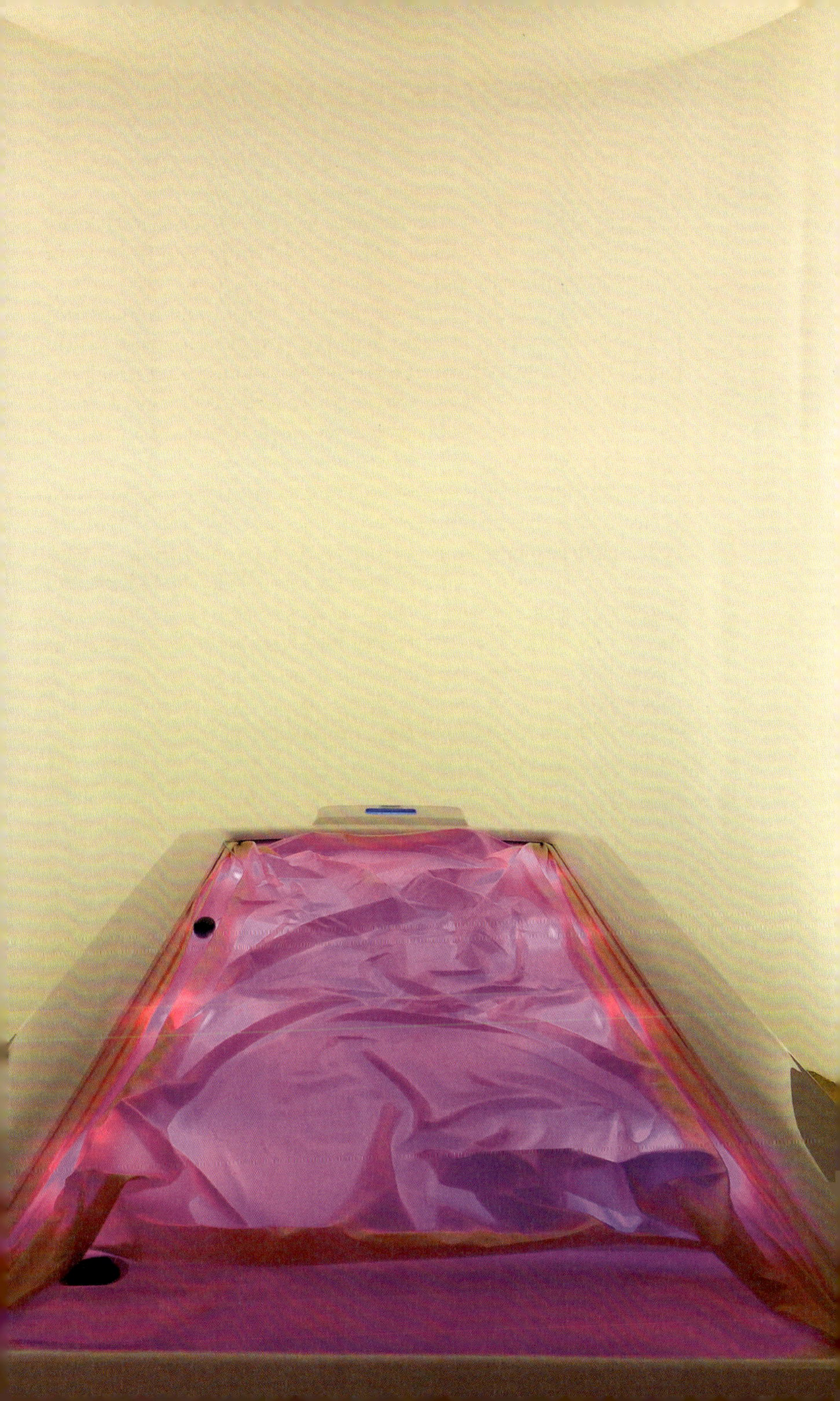

Herumtreiben im Garten

27 Die driewes-Box am Rosterberg

Der Begriff „driewes“ steht im Siegerländer Platt für den Herumtreiber, für jemanden, der umtriebig ist und sich offen auf neue Dinge einlässt. Am Anfang stand der Entwurf der Holzbox, die als festinstallierter Aufklappladen nun unerwartet in einem Vorgarten am Siegener Rosterberg steht. Eröffnet wurde an Ostern 2019 und seither werden darin von April bis Oktober kleine Wochenendsträuße, mediterrane Kräuter, besonderes Obst und Gemüse je nach Jahreszeit und Erntemenge angeboten. Lokaler und saisonaler geht es nicht! Alles stammt aus dem eigenen Garten, der direkt neben dem Haus liegt. Nachbarn, Spaziergänger und vorbeikommende Autofahrer finden in der Box wöchentlich etwas Neues, je nachdem, was der Garten gerade so hergibt. Dazu gibt es kostenlos inspirierende Ideen zum Verschenken oder für köstlichen Genuss, denn in jeder driewes-Tüte befindet sich ein passender Rezeptvorschlag zum Mitnehmen. Die Rezepte sind sorgfältig gewählt und verschaffen ganz neue Geschmackserlebnisse: Hollerschorle, Quittenchutney und Löwenzahnblütenhonig.

Die Gründerin der driewes-Box hat mit ihrer Idee des Aufklappladens eine besondere Form von Nachbarschaftskultur geschaffen, um Menschen miteinander in Kontakt zu bringen. Das ganze Projekt beruht auf Vertrauen, denn man wirft das Geld für das, was man ausgewählt hat, einfach in die integrierte Geldbox. Von den gespendeten Einnahmen werden Blumenstauden, Gehölze, Obst- und Gemüsepflanzen gekauft und in den Garten gesetzt. Die Ernte wird dann im darauffolgenden Jahr in der Box angeboten. Highlight der driewes-Box-Saison ist die jährliche Ernte von den beiden Konstantinopeler Quittenbäumen im Vorgarten. Es gibt dann herrlich duftende Früchte zum Mitnehmen samt Kuchenrezept, daraus hergestellten Saft oder Gelee. Wenn die grüne Fahne an der grauen Box weht, lohnt es sich auf jeden Fall, mal anzuhalten und nachzuschauen.

- driewes-Box, Radschläfe 11, 57074 Siegen, Tel. (01 77) 37 23 91 3
  alle driewes-Box-Termine auf Instagram und Facebook
- ÖPNV: ab Siegen ZOB Bus C102, Haltestelle Radschläfe

driewes
herumtreiben im Garten
Heimat Shop
driewes

Kunst aus der Region

28 Die Galerie der IHK Siegen

Jemand betitelte sie einmal als „die letzte Galerie vor der Autobahn", erzählt Dr. Christine Tretow von der IHK Siegen lachend am Telefon. Sie ist die Ansprechpartnerin für die Galerie der IHK Siegen und die Ausstellungsreihe IHKansichten. Beides sehr interessante Plattformen für Kunstschaffende, um ihre Werke an einem eher ungewöhnlichen Ort zu präsentieren. Das Gebäude an der Koblenzer Straße 121 lockt mit interessanter Architektur und schönen Blickachsen. Die IHK-Galerie wurde 1996 im Zusammenhang mit dem neu errichteten Anbau an das Gebäude der Kammer gegründet und ist seitdem eine feste Adresse für Ausstellungen von Künstlern und Künstlerinnen, die aus dem Einzugsgebiet der Industrie- und Handelskammer Siegen kommen. Die Ausstellungen werden in Zusammenarbeit mit der Art Galerie Siegen, dem Kunstverein Siegen und dem Künstlerbund Südsauerland e.V. organisiert.

Mit den IHKansichten startete 2017 eine besondere Ausstellungsreihe, die von Frau Dr. Tretow allein kuratiert wird und auch Werke von Künstlern aus anderen Regionen ausstellt. Wandelt man durch die Gänge, Aufenthaltsbereiche und Flure, entdeckt man überall Kunstwerke. So vielfältig die Ausstellungen der vergangenen Jahre waren, so vielfältig sind auch die Einzelstücke, die die IHK dabei nach und nach erworben hat und nun in ihrem Haus präsentiert. Ob moderne Fotografie, abstrakte Malerei, Skulpturen im Innenbereich und auf dem Außengelände: Die eindeutig wichtige Verbindung zwischen Wirtschaft und Kultur wird hier überall sichtbar. Die Galerie ist zu den Geschäftszeiten montags bis donnerstags von 8 bis 16.30 Uhr und freitags von 8 bis 15.30 Uhr für jeden geöffnet und so staunen nicht nur die Teilnehmer des Marketingklubs oder die Prüflinge der IHK, wenn sie das Gebäude für einen Termin betreten: unerwartete, überraschend spannende Kunst, und das alles bei freiem Eintritt.

- IHK Siegen, Koblenzer Straße 121, 57072 Siegen, Tel. (02 71) 33 02-0
www.ihk-siegen.de
- ÖPNV: ab Siegen ZOB Bus C100 Richtung Eisern oder C101 Richtung Rosenbach, Haltestelle Hammerstraße

Nette Rabauken

29 Das Erfahrungsfeld auf dem Fischbacherberg

Einer der sieben Berge Siegens ist der Fischbacherberg. Dort lag lange Jahre ein ehemaliges Militärareal brach, das seit 2006 auf wunderbare Weise in ein für alle nutzbares Naherholungsgebiet verwandelt wurde, in dem Begegnung, Freizeit und Kultur auf immer wieder neue Weise erfahrbar werden.

Hinter dieser Initiative steht die Klaus-Hoppmann-Stiftung, die in Kooperation mit anderen Institutionen benachteiligte Kinder und Jugendliche fördert. Es entstand hier mit SCHÖNUNDGUT ein soziales, handwerkliches, künstlerisches und naturbezogenes Projekt, das von Jugendlichen unter der Anleitung von Fachleuten immer weiterentwickelt und gestaltet wird. Dazu gibt es auf dem Gelände eine Werkstatt, in der nach und nach vieles von dem entsteht, was auf dem Gelände zu sehen ist, zum Beispiel die architektonisch spannende, begehbare Eingangsskulptur neben dem kleinen Teich. Platz findet auf dem großen Areal mitten im Grünen aber auch „RaBauKi", ein Bauspielplatzprojekt, bei dem sich Kinder in den Ferien unter pädagogischer Leitung kreativ entfalten, aus allen erdenklichen Materialien Hütten planen und bauen, am Feuer sitzen und auf dem Platz übernachten können. Für dieses Ferienprojekt müssen die Kinder angemeldet sein, aber darüber hinaus gibt es für alle Kinder ab sechs Jahren ungefähr 14-tägig an den Wochenenden die Möglichkeit, zwischen 11 und 17 Uhr einfach vorbeizukommen – und los geht das Abenteuer. Die Termine findet man unter www.rabauki.de.

Aber nicht nur für Kinder und Jugendliche ist es hier spannend. Familien nutzen an warmen Nachmittagen die Sitz- und Grillplätze, andere spielen Fußball auf der großen Rasenfläche. Aus einer alten Schießanlage ist inzwischen eine Open-Air-Bühne geworden, sodass mehrmals im Jahr ganz besondere Highlights stattfinden: Wahre Publikumsmagnete sind inzwischen das „Winterfeuer" Ende November oder Anfang Dezember und das „Feldfunkfestival" im Juli, wo unzählige Feuerstellen und eine Riesendiscokugel eine grandiose Atmosphäre schaffen.

- Erfahrungsfeld SCHÖNUNDGUT, Klaus-Hoppmann-Weg 1, 57072 Siegen www.erfahrungsfeld-schoen-und-gut.de
- ÖPNV: ab Siegen ZOB Bus C114, Haltestelle Allensteiner Straße

arkus ist mächtig
makellos

Biker im Glücksrausch

30 Der Flowtrail auf dem Fischbacherberg

Es erfordert schon einiges an Können und Konzentration, wenn man die 175 Meter Höhenunterschied in ein paar Minuten mit dem Mountainbike überwinden möchte. Der Flowtrail begeistert eine ganze Menge junger und älterer Biker und Bikerinnen. Er ist von April bis Oktober ab 9.30 Uhr bis zum Einbruch der Dämmerung geöffnet, im Hochsommer bis 20 Uhr. Am besten erreicht man den Startpunkt über den Parkplatz am Ende der Allensteiner Straße, von dem aus man über das Gelände des Erfahrungsfeldes nach ein paar Hundert Metern zum Startpunkt gelangt: Dort machen Väter und Söhne, sportive Freundinnen und graubärtige, drahtige Einzelkämpfer sich und ihre Räder klar.
Eine hilfreiche Beschilderung beim Einstieg erleichtert die Entscheidung zwischen blauer Streckenführung für Anfänger und roter Streckenführung für erfahrene Mountainbiker. Kurvenreich wird es auf jeden Fall, wobei man aber aufgrund der sorgfältig gepflegten und durchdacht angelegten Strecke gefahrlos durch die Kurven sausen kann. Dass es recht steil bergab geht und die Streckenführung in Teilen eng und schmal ist, sorgt für den ultimativen Kick. Wählt man die rote Piste, so steigert man den Flow noch durch zu umfahrende Hindernisse und Sprungschanzen. Der Trail führt fast vier Kilometer lang hinab ins Tal zum Parkplatz in der Numbachstraße. Und wer noch nicht genug hat, kann Kondition und Muskeln so richtig pushen und auf einem gesonderten, grün ausgeschilderten Weg auf einer schönen Waldstrecke wieder bergauf zum Startpunkt strampeln.
Dieser Flowtrail gehört zu den ganz wenigen Trails dieser Art. Weil er so pflegeintensiv ist, gibt es einen Verein, der sich um die Instandhaltung der Wege kümmert und immer wieder neue Abschnitte ausbaut. Außerdem organisiert er gemeinsame Ausfahrten und Special-Events. So kann man in der Gruppe und dank vieler Tipps und Tricks das Glücksgefühl noch steigern.

- Flowtrail auf dem Fischbacherberg, Startpunkt: Allensteiner Straße 25, 57072 Siegen, www.mtbsiegerland.de/flowtrail
- ÖPNV: ab Siegen ZOB Bus C114, Haltestelle Allensteiner Straße

Refugium mit Perspektive

31 Das Yogahaus am Wald in Eiserfeld

Man sitzt im Lotussitz auf dem weißen Teppichboden und schaut dabei direkt in ein Szenario aus Baumstämmen, Herbstlaub und Licht. Es würde nicht wundern, zöge noch ein Reh durch das Bild. „Das kommt tatsächlich manchmal vor", sagt Stefanie Diehl, die seit 2019 gemeinsam mit ihrer Schwester der ehemaligen Kapelle eine neue Aufgabe gegeben hat. Die beiden sind ausgebildete Hatha-Yogalehrerinnen mit Yoga-Vidya-Ausbildung und selbst begeisterte Yoginis. Das Haus liegt wirklich am, ja fast im Wald und man erlebt totale Ruhe ringsum. Die Kapelle wurde 1964 erbaut und gehörte zu der kleinen Wohnsiedlung Kaiserschacht. Hier war um 1900 eine wichtige Förderanlage für den Erzbergbau. Heute scheint es unvorstellbar, dass hier einmal so viel Industrie war. Von Eiserfeld geht die Straße durch einen schönen Laubwald, bevor man die abgelegene Siedlung erreicht. Und ganz oben thront das Yogahaus am Wald. Ein paar Stufen noch und man kommt an, kann loslassen. Der große Yogaraum verströmt Klarheit.

Niemand muss ein Yogaprofi sein, um hier einzusteigen. Von Montag bis Donnerstag gibt es feste Kurse mit je acht Einheiten auf verschiedenen Levels. Für alle, die nur mal reinschnuppern möchten oder Zeit und Lust auf ein bisschen Yoga haben, ist bestimmt ein Drop-in interessant. Man ruft einfach vorher an, fragt, ob in einem Kurs noch ein Platz frei ist, und kann dann 75 Minuten lang mitmachen. Spannend sind auch die Friday Specials. Hier kann man zum Beispiel mal etwas für den Rücken, mal etwas für das Immunsystem tun oder sich in Vinyasa Flow erproben und Balance gewinnen. Diese Angebote gibt es jeden Freitag und sie werden von unterschiedlichen Trainerinnen durchgeführt. Alle Kurse, Events und Workshop findet man auf der Homepage.

Und am Abend, wenn es draußen dunkel wird, fällt der Blick in den beleuchteten Wald, der sich wie eine Bühne auftut, und man möchte am liebsten noch ein bisschen sitzen bleiben und einfach nur schauen.

● Yogahaus am Wald, Am Kaiserschacht 15, 57080 Siegen-Eiserfeld, Tel. (01 60) 44 33 11 2, www.yogahaus-am-wald.de

YOGAhaus
am Wald
Nr. 15

Gesunde Vielfalt

32 Obst und Gemüse von Enders in Eiserfeld

Henner Enders ist der bekannteste Obst- und Gemüsefachhändler für das Siegerland. Mit seinem einzigartigen Geschäft in Siegen-Eiserfeld lockt er alle diejenigen an, die eine große Vielfalt von bestem Obst und Gemüse suchen. Schon von der Eiserfelderstraße aus ist das grün-gelbe Logo mit dem Schriftzug „Enders" weithin sichtbar. Dann geht es – am besten mit einem großen Korb oder einer Kiste ausgerüstet – hinein ins gesunde Einkaufsvergnügen.

Es ist sehr unterhaltsam, dem geschäftigen Treiben der so herzlich zugewandten Verkäuferinnen zuzuschauen, wenn man bei großem Andrang doch einmal warten muss. Sie flitzen hin und her, um hier ein Bündchen Basilikum und da eine rote Pfefferschote herbeizuholen. Man kann sich aber auch von den ausgelegten Köstlichkeiten an Obst und Gemüse inspirieren lassen. Regionale Spezialitäten, wie die große Auswahl an verschiedenen Kartoffelsorten, köstlichen Apfel- und besonderen Zwiebelsorten, aber auch Zitrus- und Beerenfrüchte in allen Varianten, frische Kräuter und eine Fülle unterschiedlicher Salatköpfe finden sich appetitlich drapiert in den Regalen. Eine feine Auswahl an Käse und Milchprodukten von ausgewählten Betrieben aus der Region rundet das Angebot ab. Kleine Probierhäppchen wecken die Neugier und machen Lust auf das Ausprobieren neuer Rezepte. Geduldig und freundlich wird man vom Team um Henner Enders umsorgt und die Verkäuferinnen nehmen sich viel Zeit für die Beratung, haben Zeit für ein Späßchen und einen kleinen Schwatz mit ihrer Kundschaft. Und wenn einmal ein ganz bestimmtes saisonales oder außergewöhnliches Obst oder Gemüse nicht vorrätig ist, kann man auch das bestellen, denn Henner Enders ist offensichtlich kein Weg zu weit. Er ist täglich auf den Großmärkten in Köln und Frankfurt unterwegs. So bleibt kaum ein Wunsch, den das Team seinen Kunden nicht erfüllen würde.

- Enders, Eiserfelder Straße 444, 57080 Siegen, Tel. (02 71) 38 12 52
- ÖPNV: ab Siegen ZOB Bus C101 Richtung Oberschelden, Haltestelle Eiserfeld Ortsmitte

BST • GEMÜSE
OBST •
44
WIR HABEN DIE
FRISCHE
• REGIONAL
• SAISONAL
• KONTROLLIERT
WIR BIETEN DEN
SERVICE
• LIEFERSERVICE
Rana
Rana

Eingang zur Unterwelt

33 Im Reinhold-Forster-Erbstolln in Eiserfeld

Durch das fast weiße Portal von 1879 betritt man eine kuriose Welt, die Teil eines mehr als 200 Jahre alten Stollensystems ist. Der Erbstollen ist über 7,5 Kilometer lang und damit der zweitlängste Stollen in NRW. Er gehört obendrein zu den tiefsten und größten Gruben Europas. Viele Berge im Siegerland sind durchlöchert wie ein Schweizer Käse, denn der Abbau von Eisenerzen begann hier schon vor mehr als 2500 Jahren, als die Kelten anfingen, zunächst an der Oberfläche nach dem bedeutenden Rohstoff zu schürfen. Mit der Erfindung des Schwarzpulvers und später der Dampfmaschine ging es immer tiefer hinein unter die Erde, Schächte und Förderanlagen entstanden, sodass das Siegerland ab dem 19. Jahrhundert eines der bedeutendsten Zentren des Eisenbergbaus in Europa war. Ein Jahrhundert später war das hier geförderte Eisenerz auf dem Weltmarkt nicht mehr konkurrenzfähig und der Abbau wurde nach und nach eingestellt.

Seit 1983 befindet sich hier ein Besucherbergwerk, in dem man fast einen halben Kilometer tief in den Berg hineingehen kann. Schatten huschen über die Wände, dann eröffnen sich jede Menge Nebengänge und man muss ganz schön den behelmten Kopf einziehen, um nicht mit dem Felsen über einem zu kollidieren. Überall rauscht und gluckert es, denn der Erbstollen führt das Wasser der weiter oben gelegenen Stollen ab. Leitern führen an einigen Stellen durch schmale Öffnungen dorthin. Bei der Führung erfährt man jede Menge über die Methoden, mit denen man dem Eisen in mühsamer Arbeit Schicht für Schicht zu Leibe rückte. Sogar einen unterirdischen Pferdestall gab es, daran erinnert die lebensgroße Nachbildung eines Grubenpferdes. Der größere Teil des Stollens ist zwar nicht öffentlich, aber Fotos vermitteln einen Eindruck, wie es dort aussieht. Von April bis Oktober werden jeden ersten Sonntag im Monat Führungen angeboten. Nicht nur Kindern liefert diese Unterwelt einen herrlichen Thrill.

- Reinhold-Forster-Erbstolln, Reinhold-Forster-Weg, 57080 Siegen-Eiserfeld, Kontakt unter: Tel. (02 71) 35 48 99 oder (01 75) 52 42 16 4 www.gewerkschaft-eisenzecher-zug.de
- ÖPNV: ab Siegen ZOB Bus C101 Richtung Oberschelden, Haltestelle Reinhold-Forster-Weg

Gelato originale

34 Die Eismanufaktur Eis.erfeld

An heißen Sommertagen, ob nach der Arbeit oder am Wochenende – ein Eis geht immer. Zugegeben, der Ort ist nicht sehr anheimelnd, dafür ist die Anwesenheit dieser Eisdiele umso überraschender, denn hier kann man ungezügelt seine Lust auf italienisches Eis stillen.
Die beiden Besitzer Maurizio Marcon und Paolo De Lucca haben sich im Alter von 14 bzw. 16 Jahren auf den Weg nach Deutschland gemacht, um sich in Eiscafés in Köln und Koblenz ein bisschen was dazuzuverdienen. Ohne Deutschkenntnisse und ohne Erfahrung haben die beiden damals den Schritt ins Ungewisse gewagt und schreiben heute mit zwei der größten Eiscafés im Siegerland Erfolgsgeschichte. Alle angebotenen Eisspezialitäten werden nach authentischen italienischen Traditionsrezepten täglich frisch zubereitet, „originale" eben. Ob fruchtig oder cremig, nussig oder schokoladig, klassisch oder vegan, die Auswahl von Fior Di Latte, Amarena, Haselnuss, Tartufo bis Pfefferminz, Joghurt und Mokka zieht Klein und Groß nach Eiserfeld. Von Mini bis Gigante, in der Waffel oder im Hörnchen, mit köstlichen Toppings aus Sahne, frischen Früchten oder Schokolade, nichts scheint unmöglich im Eis.erfeld.
Die Gäste können draußen und drinnen sitzen, ihr Eis direkt genießen oder mit nach Hause nehmen. Specials zum Mutter- oder Vatertag werden auf der Facebook-Seite des Eiscafés angekündigt. Dann lassen sich die Damen zum Beispiel eine Kugel vom spritzigen Erdbeer-Prosecco-Eis oder die Herren das Erzquell-Radler-Eis schmecken. Natürlich haben die Kleinsten einen ganz besonderen Platz im Eis.erfeld. Auf der Karte „per i bambini" treten die Namensgeber der Eisbecher Pinocchio, Topolino (Micky Maus) und Ape MaYa (Biene Maja) beim Vorlesen förmlich aus der Karte heraus. Hier wird an jeden gedacht und das macht die Lust auf ein Eis noch viel größer.

- Eis.erfeld-Eismanufaktur, Eiserfelder Straße 460, 57080 Siegen, Tel. (02 71) 25 08 24 86, www.eiserfeld-eismanufaktur.de
- ÖPNV: ab Siegen ZOB Bus C101 Richtung Oberschelden, Haltestelle Eiserfeld Ortsmitte

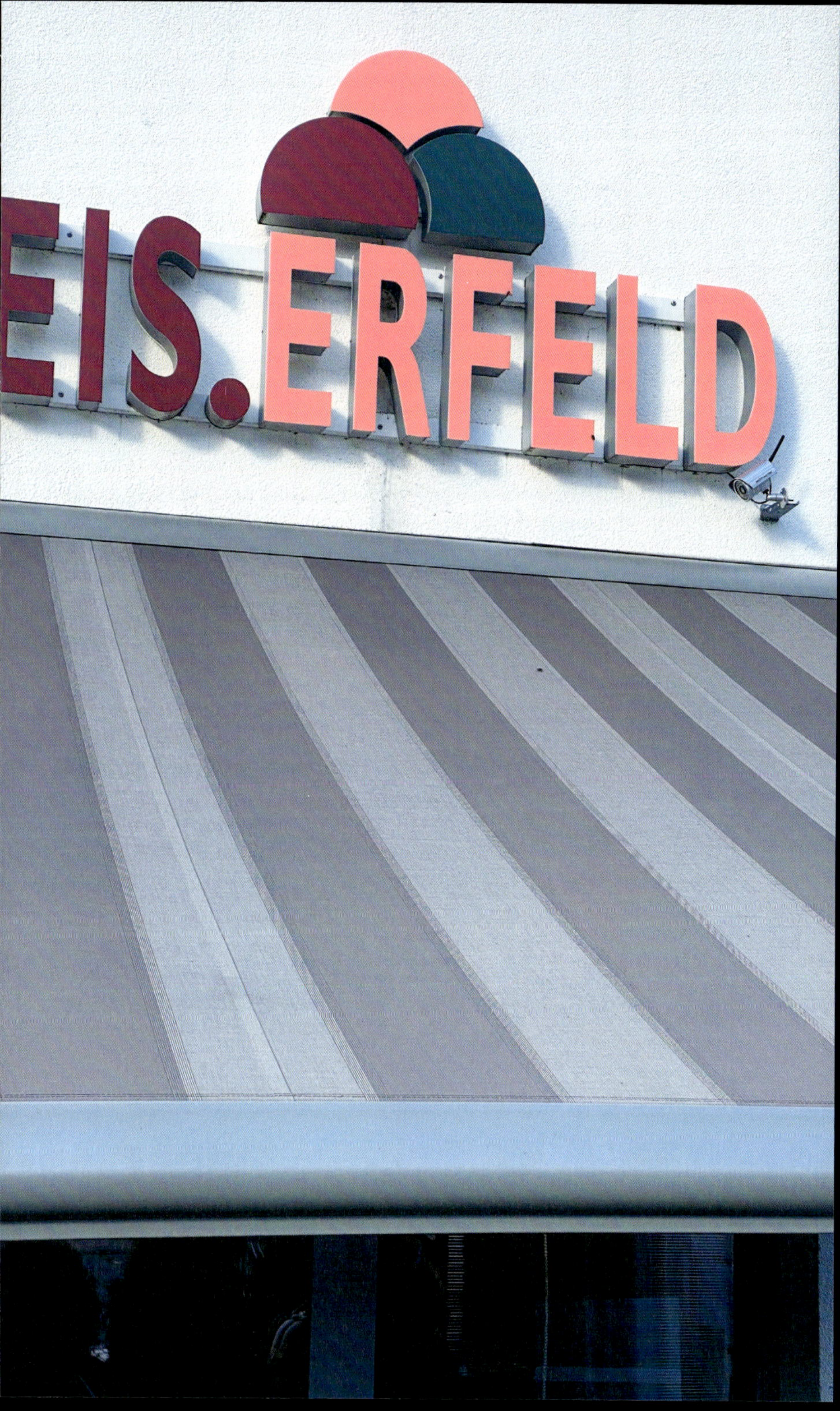
EIS.ERFELD

Slow mit viel Know-how

35

Die Metzgerei Gütelhöfer in Mudersbach

Wer dann und wann einfach die Lust auf Fleisch verspürt, ist in dieser Metzgerei am richtigen Ort. Ingo und Patrick Gütelhöfer haben vor zehn Jahren eine Entscheidung getroffen, die sie bis heute nicht bereut haben. Sie bekommen ihr Schweine- und Rindfleisch aus artgerechter Haltung ausschließlich von der Schwäbisch-Hällischen Erzeugergenossenschaft. Und daraus entstehen mit Sorgfalt und jeder Menge Know-how vielerlei Köstlichkeiten wie zum Beispiel Dry Aged Beef, bei dem eine eigentlich uralte Technik der Fleischreifung zur Anwendung kommt.

Früh am Morgen schon stehen die Leute Schlange für die warme Fleischwurst auf den leckeren Brötchen. Wer dazu zu spät dran ist, findet in der Theke Fleisch ohne Antibiotika und Gentechnik, selbst erzeugte Würste und Schinken und im Regal die köstlichen hausgemachten Spezialitäten im Glas wie Rouladen mit Pflaume und Zimt, Currywurst, Ragù alla Bolognese oder Sugo mit Salsiccia. Letztere lassen schon die Liebe zu Italien erkennen und damit die Nähe zum von dort stammenden Slowfood-Gedanken, den auch die Gütelhöfers sehr schätzen: die Achtung vor dem Lebensmittel und den nachhaltigen Umgang damit. Deshalb finden sich in der Metzgerei auch andere Produkte, die nichts mit Fleisch, sehr wohl aber etwas mit dieser Idee zu tun haben. Sie stammen aus einigen Slowfood-Betrieben in Italien, die den Gütelhöfers Käse und Gemüsekonserven liefern, oder auch von einem griechischen Bauern, der Olivenöl und wunderbaren Kräutertee zum Sortiment beisteuert.

TIPP

Abstecher zur nahe gelegenen Freusburg, die seit mehr als 500 Jahren hoch über dem Siegtal thront und als Jugendherberge fungiert.

Und für diejenigen, die nicht nur konsumieren, sondern auch selbst aktiv werden möchten, gibt es Workshops wie „Wurst selbst machen". Wenig erstaunlich, dass das Interesse daran sehr groß ist. Denn dann weiß man zum einen, was drin ist, in der Wurst, und erlebt zum anderen so nebenbei, dass es ganz schön viel Aufwand ist, ein gutes Lebensmittel herzustellen.

- Metzgerei Gütelhöfer, Koblenzerstraße 29, 57555 Mudersbach
www.guetelhoefer.de
- ÖPNV: ab Siegen Hbf. Rhein-Sieg-Express RE90 oder RB93, Haltestelle Mudersbach

Frisch gebratene Schnitzel
Frikadellen, Hähnchenbrust u.v.m.
Wahlweiße mit frischen Salaten
oder knackigen Brötchen
Guten Appetit
MEISTERBRIEF

Spaziergang mit Weitblick

36 Unterwegs auf der Trupbacher Heide

Vor allem im August steht die Trupbacher Heide in ihrer schönsten duftig-rosa Blüte und der in Lüneburg in nichts nach. So viel üppige Pracht an einem Ort, wo bis vor gar nicht langer Zeit noch Panzer fuhren! Bis 1993 war die Trupbacher Heide ein Truppenübungsplatz. Das Tröstliche ist, dass gerade wegen dieser Vergangenheit die heutige Schönheit entstehen konnte und damit ein Lebensraum für seltene Tiere und Pflanzen. Die intensive Nutzung des weitläufigen Geländes durch die schweren Militärfahrzeuge hat die Landschaft so sehr strapaziert, dass Nährstoffe für Pflanzen nur schwer erreichbar waren und nur „Hungerkünstler" überleben konnten. Und das waren vor allem Gräser, Besenginster und Besenheide. Der verdichtete Boden hat außerdem dazu geführt, dass sich Tümpel gebildet haben, die für bunt schillernde Libellen und verschiedene Amphibien einen wichtigen Lebensraum darstellen. Und weil seit vielen Jahren dieses große Areal unter Naturschutz steht, finden sich dort zahlreiche Schmetterlingsarten, die sich am Nektar laben, und die seltene Heidelerche steigt hoch über den sommerduftenden Flächen auf.

Insgesamt ist hier eine für das Siegerland eigentlich untypische und besondere Landschaft entstanden, sehr offenes Gelände, mit nur wenigen Bäumen. Das wiederum eröffnet wunderbare Ausblicke auf die Siegerländer Berge und die Stadt und ermöglicht auf den zahlreichen Rundwegen lange Spaziergänge in der Sonne, was gerade im Herbst, Winter und Frühjahr reizvoll ist.

Damit der Wald sich nicht alles zurückerobert, wird das Nachwachsen von Bäumen und großen Sträuchern durch Schafe und eine Herde mit Mufflons verhindert. Letztere sind so scheu, dass man sie selten zu sehen bekommt. Aber manchmal hat man Glück und entdeckt die schönen Tiere, deren männliche Vertreter, die Widder, eindrucksvolle Hörner tragen.

- Startpunkt: Parkplatz Birlenbacher Höhe (zwischen Trupbach und Birlenbach), Information und Flyer unter: www.siegen-guide.de/sport/rundweg-trupbacher-heide

Kaffee mit Anspruch

37

Kathreiner's Kaffeerösterei in Seelbach

Zuerst war da nur der Kaffee, aber seit Mai 2019 gibt es Kathreiner's auch zum Platznehmen – bei schönem Wetter draußen auf der Terrasse vor dem mehr als 300 Jahre alten Haus mitten in Seelbach. Das spricht viele Leute an, die gerne hier zum Frühstück erscheinen, ein Treffpunkt nicht nur für die Nachbarschaft.

Es war Judith und Björn Kathreiner ein Anliegen, das Haus, das schon sehr lange im Besitz der Familie von Judith Kathreiner ist, mit seinem Charme zu erhalten. Durch die Sanierung im Inneren entstand ein schöner Raum, in dem man sich auch bei weniger gutem Wetter mit einem Süppchen in der Mittagspause wohlfühlt oder bei einem Stück Kuchen nett plaudern kann. Man sitzt an schlichten Holztischen, stilvoll beleuchtet, und schnuppert das, worum es hier in erster Linie geht: Judith und Björn Kathreiner begeistern sich für Kaffee und der, den sie hier rösten, steht folglich im Mittelpunkt. Und der muss in doppelter Hinsicht hohe Ansprüche erfüllen. Er kommt aus Guatemala, Kenia, Brasilien, Sumatra oder Bolivien, wo sich die Kathreiners zum Teil sogar vor Ort ein Bild davon gemacht haben, wie der Kaffee angebaut und geerntet wird und welche Mühe hinter jedem Kilo steckt. Daher ist es ihnen wichtig, dass ihr Kaffee sozial verträglich, nachhaltig und zu fairen Bedingungen erzeugt und vermarktet wird.

TIPP

Bei schönem Wetter lockt ein erfrischendes Bad im Seelbacher Weiher, einem großen Naturfreibad mit Liegewiese.

Geröstet wird der Kaffee dann langsam und schonend, in kleinen Mengen und natürlich in Handarbeit vor Ort, um dem Anspruch an Qualität und Geschmack gerecht zu werden. Die Trommel, in der das geschieht, steht im Nebenraum des Verkaufsraumes und man kann beim Vorgang der Röstung zuschauen, während der sich die Vielzahl von Aromen erst entwickelt. Das Ergebnis sind verschiedene sortenreine Kaffees, aber auch drei verschiedene Kaffee- und zwei Espressomischungen. Sie alle kann man selbstverständlich kaufen und zu Hause genießen.

- Kathreiner's Kaffeerösterei, Freudenbergerstraße 477, 57072 Siegen-Seelbach, Tel. (02 71) 31 76 09 98 oder (01 76) 70 25 10 92, www. kathreiners.de
- ÖPNV: ab Siegen ZOB Bus 37, 38 und 39, Haltestelle Seelbach Ortsmitte

São Silvestro
Kolumbien
Kathreiner's
Konia

Hirsche kraulen

38

Erlebniswald Historischer Tiergarten

Im 17. Jahrhundert wurde das Waldstück von Fürst Johann Moritz auf dem Wellersberg als Tiergarten angelegt. Früher diente es ihm und den Mitgliedern seines Hofes zum Jagdvergnügen, heute darf jedermann seine Freizeit dort verbringen – vorzugsweise mit etwas sanfterem Tun. Der 2,5 Kilometer lange Rundweg startet gleich am Parkplatz Tiergarten und bietet jede Menge Gelegenheiten zur Pirsch. Eine Übersichtskarte über 20 Stationen und weitere Informationen findet man unter www.siegen.de, wenn man unter Suche „Erlebniswald" eingibt. Der Wald verströmt besonders am Morgen seinen feucht-moosigen Geruch. Gleich am Anfang des Rundweges wird das Gleichgewicht beim Balancieren über einen langen Baumstamm herausgefordert, das Sehen beim Ausspähen von Spechthöhlen. Es ertönen die Klänge der verschiedenen Holzarten des Baumxylophons, mit denen sich ein Lied komponieren lässt. Ein echter Spaziergang für alle Sinne! Man schlendert den Kutschenweg entlang, den früher glanzvolle Jagdgesellschaften bevölkerten, und kommt zum Ausguck am Damwildgehege, der erhöht gebaut einen guten Überblick über das Waldstück gibt. Mal spielen dort die Hirsche und Rehe Verstecken, dann wieder trauen sie sich nahe an den Zaun und lassen sich kraulen. Auf jeden Fall aber kann man auf Knopfdruck den Brunft- und Warnrufen der Tiere zuhören.

TIPP

Auf der Website kann man aktuelle Veranstaltungen einsehen oder eine eigene Führung buchen.

Am Ende des Geheges geht der Rundweg links den Berg hinauf. Dort kann man selbst Hirschsprünge machen, vieles erfahren über Pilze und kleine Waldtiere oder auch darüber, wie sich die Bäume nach dem Fällen im Laufe der Zeit verändern. Man kann Bäume umarmen und am Umfang feststellen, wie alt sie sind. Auf dem Barfußpfad lässt man sich von Rinden und Moos die Füße kitzeln und auf dicken Kieselsteinen ein wenig massieren. Und eine übergroße Waldameise lädt ein, erklettert zu werden. Man lernt also spielend eine ganze Menge über das Thema Wald, in dem man – gut ausgerüstet mit Zeit und Proviant – noch lange verweilen möchte.

- Startpunkt: Parkplatz Tiergarten, Am Ende des Güterweges, Siegen-Weidenau
- ÖPNV: ab Siegen ZOB Bus 10, 16 oder 51 Richtung Weidenau ZOB, von dort 15 Minuten Fußweg bergauf

Zwischen Backsteinen

39 Jung's Boulderhalle & Café in Weidenau

Historischen Fabrikhallen wohnt ein ganz besonderer Zauber inne. Diesen haben die Brüder Markus und Daniel Jung mit viel Fingerspitzengefühl in der ehemaligen Dreherei der Metallgießerei Charlottental in Siegen-Weidenau freigelegt. Mit der 2014 eröffneten Boulderhalle „Schlüsselstelle" ist für alle bewegungsfreudigen Menschen ein Glücksort entstanden, der den beliebten Trendsport mit einer großen Portion WOW-Effekt begleitet. Über den beeindruckenden Boulderwänden mit den farbenfrohen Klettergriffen schimmert die Patina der stählernen und hölzernen Dachbalken und riesige Kranschienen erinnern an die Vergangenheit der Halle. Immer wieder öffnen sich zwischen den graublauen Kletterwänden Sichtachsen zu den unverputzten rotbraunen Backsteinwänden. Durch große Eisenfenster fällt das Licht auf die weiche hellgraue Mattenlandschaft unter den Wänden.

Überall an den Kletterklötzen sind sie zu sehen, die Spuren des weißen Magnesia von unzähligen Händen und die schwarzen Abriebe von unzähligen Schuhen. Bouldern ist eine besondere Art des Kletterns: Beim Bouldern löst man Bewegungsrätsel in der Vertikalen. Es geht um Beweglichkeit, Balance und die richtige Taktik. Alles spielt sich in einer Höhe von drei bis 4,5 Metern über der Matte ab. Mit Teamgeist und einem guten Miteinander wird über Bewegungsabläufe in acht verschiedenen Schwierigkeitslevels in der Halle getüftelt und gerätselt. Die Jung-Brüder sind selbst ambitionierte Kletterer und können mit ihrer langjährigen Erfahrung immer wieder neue Bewegungsrätsel an ihren selbst entworfenen Wänden anbieten. Fans des Boulderns freuen sich jedes Mal auf den Tag, an dem die neonfarbenen Klettergriffe neu gesetzt und frisch geputzt durch die Fenster der „Schlüsselstelle" in Siegen-Weidenau leuchten, bereit für die nächste Herausforderung an der Wand.

- Schlüsselstelle, Bismarckstraße 81, 57076 Siegen, Tel. (02 71) 77 00 82 20 www.boulderhalle-siegen.de
- ÖPNV: ab Siegen ZOB Bus C130 oder R16, Haltestelle Weidenau Polizei

Unter den Arkaden

40 Das Gut & Gerne in der Oberstadt

Kennen Sie noch den Begriff „Schaufensterbummeln"? Laut Wörterbuch der deutschen Sprache definiert als „ein Bummel durch die Geschäftsstraßen, bei dem man sich die Schaufensterauslagen ansieht." Unter den Arkaden in Siegens Oberstadt lässt es sich bei jedem Wetter bummeln und dabei kommt man zwangsläufig am Gut & Gerne vorbei. Die Augen bleiben hängen an den zwei besonderen Schaufenstern: Eines ist ein Themenfenster, das mit der Auslage an ausgesuchten Feinkostartikeln Appetit auf ein bestimmtes kulinarisches Thema macht, inklusive der dazugehörigen Teller, Tassen, Gläser oder Servietten für den schön gedeckten Tisch. Das andere ist ein Anlass-Fenster, das beliebte Feinkostwaren und außergewöhnliche Geschenkartikel passend zur Jahreszeit präsentiert. Hier bleibt es nicht beim Bummeln, denn die prall gefüllte Ladentheke lockt einen hinein. Aufgetürmt finden sich verführerische italienische Konfektsorten in schillernden Verpackungen oder auch knallbunte Eierbecher aus Perlmutt mit dazu passenden Löffeln. Das macht richtig Laune und lädt dazu ein, im Ladenlokal weiter zu stöbern und schöne Dinge zu entdecken.

„Ich habe eine Institution übernommen", erzählt uns Annedore Conrath auf halber Treppe in ihrem gemütlichen Ladenlokal. Seit Jahrzehnten ist das Gut & Gerne eine feste Größe für feinköstlichen Genuss im Herzen von Siegen. Seit Juni 2019 führt nun sie dieses Geschäft. Als Handelsvertreterin war sie lange Jahre unterwegs, hat viele schöne Dinge auf Messen gesehen und wählt mit Spaß und großer Leidenschaft die besonderen Produkte für ihr Gut & Gerne aus: erlesene Spirituosen, die man sich nach Lust und Laune aus den großen Glasballons abfüllen lassen kann, ausgewählte Weine und hochwertige Lebensmittel, aber auch nette kleine Geschenkartikel, mit denen man sich selbst oder Freundinnen eine Freude machen kann.

- Gut & Gerne, Löhrstraße 10, 57072 Siegen, Tel. (02 71) 2 22 24
www.gutundgerne-siegen.de
- ÖPNV: ab Siegen ZOB Bus C105 und C106, Haltestelle Rathaus

Gut & Gerne
10
Gut & Gerne
Bianco
Colle dei Tigli
Veneto
fruchtig € 7,95
Rosso
La Pietraja
Montepulciano

Schönheit in allen Formen

41

Im Atelier von Susanne Prümm in Siegen

Von jeher haben Körper und körperbetonte Kleidung sie begeistert. So begann Susanne Prümm ihren Weg als Modemacherin folgerichtig auch mit Korsage-Kleidern, die ihren Trägerinnen buchstäblich auf den Leib geschneidert wurden. Die Arbeitsvorlage für ein passgenaues Nähen lieferten die Körperformen aus Pappmaschee, die vorher angefertigt wurden. Und so tritt man in ihr Atelier und ist fasziniert von den weißen Gipsabdrücken weiblicher Körper in allen Varianten, mal schmal und zierlich, mal üppig und kräftig geformt, die eine ganz eigene Stimmung erzeugen. Daneben die Buntheit der Stoffe, aus denen dann letztlich etwas entsteht, das vollständig dem individuellen Körper angepasst ist – Meilen entfernt von aller Massenkonfektion. Susanne Prümm schafft es in ihrem Atelier, Vielfalt zuzulassen, ja zu schätzen und an jedem Körper das Schöne zu inszenieren. Das kann ein schönes Dekolleté sein, eine verführerische Rundung, ein schlanker Hals. Das ist auch die Maxime in den Workshop-Angeboten, in denen Frauen Gipsabdrücke ihrer eigenen Körper herstellen und dabei einen anderen und zwar liebevollen Blick auf ihre Eigenheiten entwickeln.

TIPP

Blumenschönheiten und sehr besondere Floristik gibt es bei Einfach Blume gleich um die Ecke in der Schlosserstraße 10.

In den letzten Jahren entstand noch etwas Neues: kleine Pappmaschee-Damen, die zunächst gedacht waren für eine Modekollektion in Miniatur. Dann aber wurden die Körper selbst zur gestaltbaren Fläche für Collage. Entstanden ist am Ende eine Kollektion kleiner Skulpturen, die man kaufen kann. Jede ist etwa 25 Zentimeter groß, jede ein Unikat, mit Namen wie aus französischen Romanen. Sie heißen Aimée, Colette oder Zoé – hier spürt man Susanne Prümms Liebe zu Frankreich. Und jede Skulptur, ob zart oder mollig, ist schön auf ihre eigene Weise.

Das genau ist das Glücksgefühl, das die Modemacherin auch allen Frauen mitgeben möchte, die an ihren Workshops teilnehmen oder sich von ihr ein Kleidungsstück schneidern lassen: die eigene Schönheit erspüren und sichtbar machen.

● Susanne Prümm, Tel. (02 71) 24 10 4 oder (01 57) 50 49 49 07
www.susannepruemm.de

In Kochlaune

42 Die Event-Location Seven Hills in Weidenau

Um ihren Glücksort zu schaffen, mussten Lilli Grabowitz und Julia Schander erst einmal ordentlich reinhauen und monatelang mit viel Einsatz selbst auf der Baustelle stehen, um die ehemalige Werkstatt in eine Location zu verwandeln, in der sich Menschen wohlfühlen, wo sie miteinander reden, lachen, essen und feiern können. Entstanden ist ein großer Raum, der gleichermaßen geräumige Küche und Essraum ist – Essen und Kochen stehen hier also im Mittelpunkt. Und genau darum geht es den beiden, die eigentlich beruflich aus ganz anderen Bereichen kommen, nämlich aus der Medizin und Architektur. „Beim Kochen wird man nicht ausgebremst, man kann in der Interaktion mit anderen kreativ sein und einen Mehrwert schaffen", sagt Lilli Grabowitz. Sie und Julia bieten Kochabende an, bei denen sie Wissen über gesundes Kochen weitergeben und auch Möglichkeiten aufzeigen, wie man sich gluten- und laktosefrei oder auch vegan ernähren kann, ohne dass einem etwas fehlt. Gekocht wird mit Bioprodukten und immer saisonal, manchmal auch themenorientiert. So kann an einem Abend eine kulinarische Reise durch Indien anstehen, ein anderes Mal geht's um spanische Delikatessen oder um all das, was der Speiseplan im Herbst so bietet.

Die Küche ist mit allem ausgestattet, was das Herz von Hobby-Köchen erfreut, und es ist Platz genug für bis zu 20 Personen, die gemeinsam ein wunderbares Menü zaubern können. Gemeinsam gegessen wird dann an dem langen, wunderschön eingedeckten Tisch, an dem wie von selbst interessante Gespräche und ein Miteinander, manchmal auch neue Freundschaften entstehen. Bei schönem Wetter wird draußen getafelt, denn zu den Räumen gehört auch eine Terrasse. Dort gedeihen die Kräuter, die zum Kochen verwendet werden.

Wer mag, kann die Räumlichkeiten für eine private Feier stunden- oder auch tageweise mieten. Dies kann man außerdem zum Rundumverwöhnen inklusive Catering tun.

- Seven Hills by bowlilicious, Formerstraße 3, 57076 Siegen, Tel. (01 76) 20 16 91 59 www.bowlilicious.de
- ÖPNV: ab Siegen ZOB Bus R16 Richtung Hainchen, Haltestelle Schmiedestraße

Alles im Trockenen

43 Der Geisweider Flohmarkt

Am besten haben es hier alle Frühaufsteher, denn der Flohmarkt startet um 6 Uhr am Morgen, und das seit mehr als 50 Jahren an jedem ersten Samstag im Monat. Nur im Januar und Februar ist Pause.

Ursprünglich fand der Flohmarkt im Zentrum von Geisweid statt, 1995 wurde er dann aber unter die Hüttentalstraße, die HTS, verlegt. Das mag auch daran liegen, dass unter dem Dach der Hochstraße bei Wind und Wetter ein Bummeln im Trockenen, an heißen Tagen mit angenehmer Beschattung möglich ist. So entwickelte sich der Geisweider Flohmarkt zu einem Mekka für Hobbyverkäufer und zu einem Magneten für alle Trödelbegeisterten. Mitte der 1990er-Jahre wurde er sogar zum schönsten Flohmarkt Deutschlands gekürt. Die Besucherzahlen steigen ständig und bei schönem Wetter finden sich hier bis zu 200 Marktstände und Tausende von Besucherinnen und Besuchern. Es ist schon eine besondere Atmosphäre: nebenan die Bahngleise und rundherum ein überwältigendes Angebot an Waren. Und auch da gibt es eine Besonderheit, denn es darf ausschließlich Trödel angeboten werden, keine Neuware. So finden die Schätzchen vom Dachboden und originellen Stücke aus dem Keller hier ihre neuen Liebhaber, es wird gekramt und Ausschau gehalten nach außergewöhnlichen Entdeckungen. Das ist für den einen ein schräges altes Möbelstück, für die Nächste ein Kleid, das sich ruckzuck in einen hippen Hingucker verwandeln lässt. Kinder finden Spielzeugträume für kleines Geld und Tüftler ergattern Raritäten, die sich weiterverwenden lassen. Alles in allem Nachhaltigkeit, die Spaß macht, weil sich echte Schnäppchen ergattern lassen, die dann eben nicht in der Mülltonne landen, sondern eine Chance auf ein zweites Leben bekommen.

Beim Stöbern kann man sich übrigens Zeit lassen, denn auch für einen Imbiss zwischendurch ist gesorgt. Und so geht fast jeder am Ende glücklich und zufrieden mit dem Gefühl heim, ein ganz außergewöhnliches Etwas, was auch immer das sein mag, erjagt zu haben.

- Geisweider Flohmarkt, Geisweider Straße (zwischen Sohlbacher Straße und Bahnstraße), 57078 Siegen, Tel. (02 21) 80 11 18 05, www.geisweider-flohmarkt.de
- ÖPNV: ab Siegen Hbf. Regionalzug RB 90 oder 91 Richtung Hagen, Haltestelle Bahnhof Geisweid, oder Bus C130, R10 oder R51 bis Haltestelle Geisweid ZOB

39 Stufen in die Höhe

44

Der 10-Meter-Sprungturm im Freibad Geisweid

Die Saisoneröffnung des Warmwasserfreibades Anfang Mai wird jedes Jahr aufs Neue mit großer Sehnsucht erwartet. Jeder will endlich eintauchen in das wunderschön gelegene Becken am Rande des Siegener Stadtteils Geisweid. Es gibt vier 50-Meter-Bahnen für die strammen Schwimmer sowie vier kürzere für all diejenigen, die großen Spaß am Aqua-Jogging haben. Inmitten des wunderschönen Liegebereiches befindet sich das Nichtschwimmerbecken mit ganz unterschiedlichen Erlebniszonen. Verschiedene Massagedüsen, ein Gegenströmungskanal, ein roter Wasserpilz und die lange Breitwellenrutsche locken dann auch wirklich jeden in das angenehm temperierte Wasser.
Für die ganz kleinen Badegäste gibt es einen liebevoll angelegten Wasserspielgarten mit angrenzendem Eltern-Kind-Bereich. Hier dürfen sich die jüngsten Freibadbesucher an Wasserspritzen und Regenbogenrutsche erfreuen. Die jugendlichen Besucherinnen und Besucher können sich auf dem Beachvolleyballfeld ein bisschen wie am Strand fühlen und sich nach Kräften auspowern. Im Wiesenbereich gibt es knallbunte Spielgeräte und die leuchtend gelben und blauen Sonnenschirme spenden wohltuenden Schatten. Am Beckenrand finden sich bequeme Sonnenliegen oder man lässt sich auf einem der großen Waldsofas nieder. Ein sehr aktiver Förderverein steht hinter all den vielen guten Ideen zur Gestaltung des Freibades. So ist auch der lange Barfußpfad etwas Besonderes für die Anregung der Sinne. Auf Feldern mit verschiedenen Materialien lassen sich durch Holzhackschnitzel, Flusskies und Sand die Füße herrlich kitzeln. Und wer dann noch Lust auf einen richtigen Nervenkitzel hat, für den öffnen sich ab 16 Uhr 39 Stufen in die Höhe: der weithin sichtbare 10-Meter-Sprungturm mit Absprungplattformen auf sieben, fünf und drei Metern. Wer möchte diesen Sprung ins glasklare Wasser nicht einmal wagen?

- Warmwasserfreibad Geisweid, Auf der Schläfe 4, 57078 Siegen, Tel. (02 71) 87 07 18 2
- ÖPNV: ab Siegen ZOB Bus C130, Haltestelle Geisweid Freibad

Schlange stehen für Rudis

45

Die Landbäckerei Hellmann in Rudersdorf

Eigentlich wollte Simone Hellmann die Bäckerei längst vergrößern, aber die Menschen lieben sie so, wie sie ist, und sie wollen – den Duft frischer Brötchen in der Nase – in der Schlange stehen, einen Plausch halten und die neuesten Neuigkeiten austauschen. Immerhin gibt es die Landbäckerei schon seit 1870, das heißt, dass die jetzige Meisterin schon für die vierte Generation dieses Familienbetriebs steht. Gearbeitet hat sie aber dennoch längere Zeit in Kaiserslautern, und das hat ihr Handwerk möglicherweise französisch inspiriert. Das, was für ein richtiges Baguette gilt, gilt auch hier: Es braucht wenig Hefe und viel Zeit, um ein gutes Ergebnis zu erzielen. Und so beginnt die Arbeit von Simone Hellmann nicht mitten in der Nacht oder am frühen Morgen, sondern am Nachmittag und geht bis Mitternacht. So lange dauert eben ein Teig, wie sie ihn haben möchte. Danach gefragt, was sie an ihrem Beruf liebt, beginnen ihre Augen zu leuchten, wenn sie darüber spricht, wie jeder Teig einen ganz speziellen Geruch entwickelt. Sie liest viel, greift neue Ideen auf und probiert aus. Heraus kommen immer wieder spannende Kreationen: das köstliche Salt&Pepper-Brot, dem wirklich niemand widerstehen kann, die Rudis, kleine kompakte Weizenbrötchen, wie es sie früher gab, mit ein bisschen Schmalz im Teig. Die Haubergskruste und das doppelt gebackene Schanzenbrot mit deftiger Kruste sind typische Siegerländer Spezialitäten.
Filialen gibt es nicht, nur mittwochs und donnerstags findet sich ein Marktstand der Landbäckerei in Wilnsdorf und Haiger. Man muss sich also in der Regel schon aufmachen nach Rudersdorf, will man die leckeren Brote oder die Rudis haben, und ganz schön viele Kunden nehmen die Strecke in Kauf, um sich dann klaglos in die Schlange einzureihen. Warum tut man das? Vermutlich, weil man mit dem Duft von frisch gebackenem Brot eigentlich immer positive Erinnerungen verbindet. So riecht und schmeckt das Glück!

● Landbäckerei Hellmann, Werkstraße 1, 57234 Rudersdorf, Tel. (0 27 37) 2 29 40 74
● ÖPNV: ab Siegen Hbf mit dem RE99 Richtung Gießen, Haltestelle Wilnsdorf-Rudersdorf

Landbäckerei Hellmann
Mischbrot
4,25€
Landbäckerei Hellmann
Mischbrot
1000 g
3,60€
Landbäckerei Hellmann
750 g
Landbäckerei Hellmann
3,50€

Burger mit Charakter

46 Der Foodtruck der Konnas-Brüder

Für all diejenigen, die in Siegen arbeiten, studieren oder einfach nur leben, ist der schwarz glänzende Foodtruck der Konnas-Brüder seit 2013 der bekannte Treffpunkt für Burger mit Qualität, Witz und Charme. Tower Burger, Meat Wonder, Sucuk- oder Lachs-Burger; den Konnas-Brüdern fehlt es nicht an kreativen Ideen und ausgefallenen Namen, um ihrer Kundschaft von Dienstag bis Sonntag köstliche Burgerfreuden zu bereiten. Das Kochen ist die große Leidenschaft der beiden. Dafür wählen sie auch zu 100 Prozent regionale Produkte. Die knusprigen Burgerbrötchen, das zarte Fleisch und das schmackhafte Gemüse, alles von Händlern aus der Region und täglich frisch. Jede Woche gibt es einen neuen Spezialburger mit immer neuen witzigen Namen als Highlight. So ruft es aus dem schwarzen Foodtruck: „Tina, dein Fischers-Fritz-Burger ist fertig!“

Die Zutatenliste für diesen Burger liest sich wie der Auszug aus einem Zehn-Gänge-Menü: „Brioche-Brötchen, Lachspatty, Tomaten-Chutney, Wildkräutersalat mit frischen roten Zwiebeln, Gurke, Cherrytomaten, schwarze Oliven mit Himbeer-Balsamico und Kräutercreme.“ Zu der zweifelsfrei ausgefallenen Burgerkarte gesellt sich das vielfältige Angebot an knusprigen Steakfries mit einer großen Auswahl an deftigen und würzigen Saucen. Die Kundschaft – ob Familie, Opa, Oma, Azubi, Bankerin oder Student – alle warten geduldig vor ihrem Lieblingstruck auf die frischen Ideen der beiden Siegener Jungs. Den täglich wechselnden Standort der beliebtesten Burgermacher im Siegerland erfährt man am besten über den Instagram-Account oder den Tourplan auf der Homepage. Und wer den Foodtruck mit seinen Köstlichkeiten mal ganz nah bei sich haben möchte, der kann die Jungs als Caterer für die Hochzeit, die Firmenfeier, den Junggesellenabschied oder die private Party auch direkt vor Ort buchen.

● Konnas Foodtruck
www.konnasfoodtruck.de

115 km autofrei unterwegs

47 Der Fahrraderlebnistag Siegtal Pur

Jedes Jahr im Sommer öffnet sich das Siegtal für Gäste und Einheimische auf spektakuläre Art und Weise. Am ersten Sonntag im Juli wird das Siegtal auf rund 115 Kilometern für den gesamten Autoverkehr komplett gesperrt und alle begeisterten Radler, sportlichen Inline-Skater, motivierten Läufer, aber auch passionierten Wanderer dürfen einmal die Perspektive wechseln und auf den Bundesstraßen und Autobahnen zwischen Siegburg und Siegquelle ohne Motor unterwegs sein. Es gibt ordentlich Platz auf den breiten Straßen immer ganz nah an der Sieg entlang. Die seit Jahren beliebte Siegtal-Pur-Route führt durch Dörfer und Städte, vorbei an Burgen, Museen und Kirchen, Seen, Tälern und Flussmündungen. Es geht über Brücken und durch Tunnel, ein bisschen bergauf und bergab. Erfahrene Teilnehmer dieses Angebotes der Naturregion Sieg GbR verraten, dass, wenn der Startpunkt in Netphen im Siegerland gewählt wird, man einen erlebnisreichen Tag auf Rädern vor sich hat. Hier und da gilt es zwar, kleine Anhöhen zu meistern, aber weitestgehend fährt man auf der Strecke in Richtung Siegburg beim Fahrraderlebnistag Siegtal Pur leicht bergab. Unterwegs gibt es jede Menge ehrenamtlich organisierter, kleiner Verpflegungsstände und Musik, natürlich Erste-Hilfe-Stationen und Fahrradpannendienste. Es ist also für alles gesorgt. Einige der Museen, Burgen und historischen Bauten können an diesem Tag besichtigt werden. Und weiter unten im Siegtal lockt eine Menge wirklich netter Locations, in die man unbedingt einkehren sollte: Dazu gehört zum Beispiel der Biergarten „Elmores" in Schladern oder das „Kurparkcafé" in Herchen. Und bergauf zurückradeln muss niemand, denn die Deutsche Bahn stellt für Siegtal Pur Extra-Zugverbindungen in den Fahrplan, um den Teilnehmern samt Drahtesel eine bequeme Rückreise zum Startpunkt zu ermöglichen.

● Siegtal Pur am ersten Sonntag im Juli, alle Informationen zur Strecke und dem Begleitprogramm samt DB-Sonderfahrplan sind auf www.naturregion-sieg.de abrufbar.

Magischer Ort der Stille

48

Die Autobahnkirche in Wilnsdorf

Nimmt man die Autobahnabfahrt Wilnsdorf, so gelangt man – der Beschilderung folgend – auf einen Autohof mit Tankstelle, Rasthof und Waschanlagen. Auf fast surreale Weise steigt mitten in einem Gewusel von großen, bunten Werbetafeln für Spielhalle, Schnellrestaurant und Hotel ein puristisches Gebäude in einer reinweißen Hülle auf: die Autobahnkirche Siegerland. Kontrastreicher kann man es kaum inszenieren, dieses Architektur-Highlight, das vom Architekturbüro Schneider und Schumacher aus Frankfurt entworfen und 2014 zum spektakulärsten religiösen Gebäude gekürt wurde. Ein Jahr zuvor war die Kirche eröffnet worden als überkonfessioneller Raum für Menschen, die unterwegs sind und für einen Augenblick verweilen und zur Ruhe kommen möchten – aber nicht nur Reisende finden dort einen Ort der Stille.

Die äußere Form basiert auf geometrischen Dreiecksformen, auf geniale Weise entlehnt dem weißen Piktogramm der blauen Schilder, die üblicherweise auf Autobahnkirchen hinweisen. Die Kirche erinnert aber aus einem anderen Blickwinkel wegen der beiden Türme, die spitz wie Fledermausohren in die Höhe ragen, auch ein bisschen an Batman. Ein langer, ebenfalls weißer Betonsteg führt auf das Gebäude zu, zieht die Besucher geradezu hinein.

Das stille Innere, wo jeder Lärm verebbt, steht in überraschendem Kontrast zu der äußeren, fast abstrakten Silhouette. Die wabenhafte Struktur der Innenkuppel ist entstanden durch das Zusammenspiel von 650 ineinandergesteckten Einzelteilen. Durch die beiden Turmspitzen fällt indirekt Licht ein, helle und dunkle Zonen inszenieren den Raum und hüllen ihn in ein sphärisches warmes Licht. 24 Stunden am Tag steht die Tür offen, man kann hineingehen, einfach dasitzen und die Ruhe und Schönheit dieser Raumskulptur auf sich wirken lassen. Das ausliegende Gästebuch zeugt davon, dass es viele Menschen gibt, die dort innehalten und für einen Moment das Rauschen der Welt draußen lassen und vergessen.

● Autobahnkirche Siegerland, Elkersberg, 57234 Wilnsdorf, A45 Ausfahrt Wilnsdorf
www.autobahnkirche-siegerland.de

Mammut und Mäckes

49 Das Museum in Wilnsdorf

Dieser Ort vereint auf mehr als 2000 Quadratmetern Fläche die erstaunlichsten Dinge. Genau darin liegt der Reiz, wenn man sich dort im Museum auf eine Reise durch die Zeit einlässt. Zunächst begibt man sich – ganz und gar unhistorisch – mit einer VR-Brille ausgerüstet unter die Erde und rast in einer Lore durch den Stollen, bremst vor einem Schacht, schaut in die Tiefe und bekommt eine erste Idee davon, wie der Bergbau, der das Siegerland früher stark prägte, konkret aussah. Wieder am Tageslicht kann man – ohne VR-Brille – seine Zeitreise durch das 19. Jahrhundert fortsetzen und schaut in eine Schulklasse von damals mit lebensgroßen Figuren, sitzt in der guten Stube eines Siegerländer Hauses, wirft vielleicht einen Blick in den Stall mitsamt Plumpsklo. Ein Stockwerk höher kann man im Tante-Emma-Laden bummeln gehen und eine Schuster- oder Schneiderwerkstatt aus alten Zeiten kennenlernen. Dabei begegnet man auch einem unangepasst-eigensinnigen Typ, dem „Mäckes“, der in früheren Zeiten mit allen möglichen Waren von Haus zu Haus zog. Besonders faszinierend ist das alles, wenn an Aktionstagen diese Szenen lebendig werden, zum Beispiel ein Tischler mit den Geräten und Werkzeugen hantiert oder ein echter Schmied das Eisen bearbeitet.

Dann verlässt man das Siegerland und wechselt in den nächsten Gebäudeteil. Eine Höhle mit Wandmalereien nimmt einen auf. Unvermittelt befindet man sich in der Steinzeit und steht vor einem fünf Meter hohen Mammut, das durch die Steppe zu traben scheint, daneben kümmert sich ein Neandertaler-Paar um seine Feuerstelle. Im Kellergeschoss des Museums wandert man nicht nur durch die Zeit, sondern durch die ganze Welt, ist im alten Griechenland, bei den römischen Gladiatoren und den ägyptischen Pharaonen unterwegs. Viel Spaß machen die angebotenen Rallyes und Schatzsuchen. Deshalb ist das Museum sehr beliebt bei Familien: lebendige Geschichte für Kinder und Erwachsene zum Anfassen.

TIPP

Den Zeitgenossen der Mammuts kann man in der Wisent-Wildnis in Bad Berleburg live begegnen (www.wisent-welt.de).

- Museum Wilnsdorf, Rathausstraße 9, 57234 Wilnsdorf, Tel. (0 27 39) 80 22 11 www.museum-wilnsdorf.de
- ÖPNV: ab Siegen ZOB Bus SB4 Richtung Burbach, Haltestelle Wilnsdorf-Zentrum

Kaffe
Persil
Perfix
ATA
VIM
STEINHAUS
KAU-
GRIMM&
Nordhausen
MAGG
PRODUKTE

Herrlich unperfekt!

50 Der Gelegenheitstöpferladen in Wilnsdorf

Normalerweise trifft man Gundel Martinek mit ihrem Kinder- und Küchengeschirr auf Handwerkermärkten. Dort breitet sie ihre 80 Körbe aus, die gefüllt sind mit pastellfarbenen Schüsseln, knallroten oder gelben Tellern und Schalen, türkisfarbenen Tassen und Bechern, cremefarbenen Platten. Ein wildes, buntes Durcheinander, das zum Schauen und Suchen animiert, zum Kombinieren und Zusammenstellen auffordert.

Gundel Martinek ist eigentlich Lehrerin gewesen, war aber schon als Kind fasziniert vom Töpfern, nachdem sie als Grundschülerin einmal bei der Arbeit an der Töpferscheibe zugeschaut hatte. Für sie war das Töpfern Inbegriff einer Welt der schönen Dinge. Als Mutter begann sie irgendwann damit, ihren vier Kindern Tassen mit der „Maus" zu machen, weil ihr das normale Kindergeschirr nicht gefiel. Und so hat sie sich nach und nach als Autodidaktin auf den Weg gemacht, Kurse besucht und immer wieder Neues ausprobiert. Allmählich entstand ihre „unperfekte" Kollektion – damit meint sie, dass kein Teller, kein Becher ist wie der andere: „Alle haben einen leichten Schlag." Und genau das ist erwünscht, jedes Teil ist einzigartig und das passt zu Gundels Lebensphilosophie. Im Brennofen wird bei 1250 Grad gebrannt und heraus kommen diese individuellen Schönheiten. Gerade jüngere Kundinnen haben manchmal genug von der glatten und manchmal kalten Perfektion der Dinge um uns herum und sind fasziniert von den Farben und Formen dieser Keramik. Und das macht dann eine Tasse oder einen Teller gar nicht so selten zu einem Lieblingsstück, das man nach dem Ende der Kindheit noch mitnimmt ins weitere Leben.

Wer auch einmal in den vielen Körben auf die Suche gehen möchte, kann dies nach telefonischer Voranmeldung in Gundels „Garagenladen" gerne tun und wird feststellen, dass auf diesen Teilen das Essen noch einmal so gut schmeckt und auf jeden Fall viel schöner aussieht.

- Unperfekt, Gundel Martinek, Tel. (0 27 39) 42 85 oder (0 15 22) 16 96 72 4

Unter Schafen

51

Die Edelkäserei Kalteiche in Wilgersdorf

Gegen sechs Uhr morgens klingelt hier im Schönebachsweg 12 bei der Familie Kühn der Wecker und die Arbeit beginnt. Jede und jeder auf dem Hof hat seine Aufgabe: melken, Käse herstellen und pflegen, den Marktwagen bestücken und vieles mehr. Alles passiert mit Ruhe, alle leben hier im Einklang mit der Natur.
Rund 90 ostfriesische Milchschafe grasen ab April auf den sattgrünen Weiden um Wilgersdorf. Die Tiere haben dort einen der schönsten Ausblicke im Siegerland. Im Winter wohnen sie im gemütlichen Holzstall, haben es also richtig gut. Zweimal täglich werden die Schafe gemolken und geben im Jahr insgesamt etwa 75 000 Liter Milch, die in der hofeigenen Käserei verarbeitet wird. Ein benachbarter Ziegenhof steuert außerdem Ziegenmilch bei. Wenn man Glück hat, kann man durch eine Glasscheibe die Käseherstellung verfolgen. Mathias Kühn, der schon als Kind Bauer werden wollte und sich hier seinen Traum erfüllt hat, trennt den Käsebruch von der Molke oder formt die frischen Käselaibe und legt sie in Salzlake ein. So bekommt man eine Idee davon, wie viele Arbeitsschritte notwendig sind, um am Ende einen Käse zu erhalten. Es entstehen verschiedene Frischkäse, aber im Keller lagern auch unterschiedliche Weich-, Schnitt- und Hartkäse, alles in bester Demeter-Qualität. Die Produkte kann man zwar auch in den regionalen Bioläden finden oder überregional auf Märkten, schöner ist es aber, sie direkt vor Ort in dem kleinen Selbstbedienungshofladen auszusuchen. Hier findet man außerdem auch noch Bioeier, denn der Hof hat 840 Hühner, die auf den weitläufigen Wiesen in ihren mobilen Ställen leben und immer on tour sind, damit sie stets frische Gräser und Kräuter, Käfer und Würmer zum Picken finden. Dabei kann man ihnen zusehen oder aber die Schafe beim fröhlichen Wiederkäuen beobachten, auf jeden Fall kann man den Blick beglückt über die weite Landschaft schweifen lassen und einfach mal durchatmen.

● Edelkäserei Kalteiche, Schönebachsweg 12, 57234 Wilgersdorf,
Tel. (01 75) 19 43 26 4, www.edel-kaeserei.de

1017

Die Nase im Wind

52 Die Tiefenrother Höhe bei Wilgersdorf

Die Plattform klebt selbst wie eine Nase am Hang und der Wind kann einem hier tatsächlich schon mal ordentlich um selbige wehen, denn die Tiefenrother Höhe liegt 552 Meter über dem Meeresspiegel. Belohnt wird man aber auf jeden Fall mit einer grandiosen Aussicht. Man macht es sich auf den hölzernen Relaxliegen bequem und schaut entspannt übers Land, lässt sich dabei den mitgebrachten Proviant schmecken oder verfolgt tolle Sonnenuntergänge. 177 Meter unter dieser Stelle verläuft übrigens der längste Eisenbahntunnel in NRW, aber davon bekommt man nicht die Spur mit.

Erst einmal muss man aber an diesen Ort gelangen, und das verbindet man am besten mit einer kleinen Rundwanderung von knapp sieben Kilometern Länge. Startpunkt ist der Wanderparkplatz Wacholderheide in Wilgersdorf. Und wirklich gibt es hier Wach元dersträucher, die mit ihrem stacheligen Geäst ihre Früchte verteidigen. Die ein oder andere Wacholderbeere lässt sich aber vielleicht vorsichtig entwenden und würzt später ein winterliches Gericht.

Der Rundweg führt durch abwechslungsreiche Landschaft, mal offenes Wiesen- und Weidengelände, dann Misch- und mystischen Nadelwald. Immer wieder möchte man stehen bleiben und den Blick über die Landschaft schweifen lassen. Man gelangt zu einem kleinen malerischen Gewässer, dem Silbersee, und bald darauf zur Quelle Jägersborn, die für alle die, die genauer hinschauen, mit märchenhaften Spuren überrascht. Der letzte Teil des Weges gehört zum Rothaarsteig und führt in einem Bogen zur Aussichtsplattform. Allerdings muss man ein wenig achtgeben, dass man den kleinen Abzweig nach rechts nicht übersieht. Meistens wird man aber schon durch fröhliches Plappern und Lachen aufmerksam, weil eine Gruppe sich an einem der Picknick-Tische niedergelassen hat, ein Bierchen und den Ausblick genießend. Schließlich ist es von hier zum Start- und Zielpunkt nicht mehr weit.

TIPP

Ganz in der Nähe lädt der Birkenhof mit Hofladen und Café zu einem Besuch ein.

● Startpunkt: Wanderparkplatz Wacholderheide, 57234 Wilgersdorf, Beschreibung der Wanderung „Tiefenrother Höhe“ auf www.outdooractive.com

Kulturlandschaft zum Hören

53 Die Gernsdorfer Weidekämpe

Wer Lust auf eine besonders schöne, aber auch lehrreiche Einführung in Flora und Fauna einer altbäuerlichen Kulturlandschaft hat, der sollte sich zur Gernsdorfer Weidekämpe östlich von Wilnsdorf aufmachen. Hier befanden sich früher Gemeindeviehweiden. Heute zwitschern dort in wunderschön gelegenen Nass- und Feuchtwiesen die gefährdeten Wiesenbrüter Braunkehlchen und Wiesenpieper. Schaut man bei den unterschiedlichen Arten von Biotopen wie den Flachland- und Bergmähwiesen genau hin, kann man zwischen Mai und Juni Zehntausende von faszinierenden Orchideen wie das Gefleckte Knabenkraut und die grünliche Waldhyazinthe bewundern. Auf Borstgrasflächen sind Arnika und Kreuzblümchen zu finden. Die Glatthaferwiesen bieten Wiesenkräutern wie der rundblättrigen Glockenblume, der Wiesen-Margerite und der Acker-Witwenblume ideale Wachstumsbedingungen.

Laut NABU werden die Flächen der Weidekämpe heute besonders schonend bewirtschaftet, das heißt, die Wiesen werden spät geschnitten. Dies ermöglicht den Pflanzen, Samen zu bilden und sich ausreichend zu vermehren. Außerdem bietet es den bodenbrütenden Vögeln mehr Sicherheit bei der Aufzucht ihrer Jungen. So konnte sich ein fast unberührter Naturraum entwickeln, in dem komplett auf Entwässerungsmaßnahmen und Düngung verzichtet wird.

Um das alles ganz genau verstehen zu können, hat der Rothaarsteigverein e.V. auf den Wanderwegen durch die Gernsdorfer Weidekämpe acht Audiostationen installiert, die kurzweilige Einblicke in diesen geschützten Ort mit über 100 Hektar Fläche geben. Unkompliziert können alle Informationen zu den verschiedenen Grünlandtypen und den typischen Tier- und Pflanzenarten direkt per QR-Code aufs eigene Smartphone heruntergeladen und vorgelesen werden. Besonders schön sind die Stellen, an denen Quellbäche die Weidekämpe durchziehen und sich bei sanftem Wasserplätschern besinnlich die Natur genießen lässt.

- Gernsdorfer Weidekämpe, Parkmöglichkeiten östlich von Gernsdorf an der Koblenzer Straße
- ÖPNV: ab Siegen ZOB Bus R13 Richtung Wilnsdorf, Haltestelle Gernsdorf Wende

Ensemble in Schwarz-Weiß

54

Hotelrestaurant Fiester Hannes

Wer nach uriger Stimmung und traditionsreicher Geschichte im Siegerland sucht, der sollte sich ein Zimmer im Hotel und Restaurant „Fiester Hannes“ für eine Übernachtung buchen. Fast wie ein Tor zum Siegerland liegt das Fachwerkdorf Holzhausen nahe der Autobahn 45, eingebettet in eine hügelige Landschaft, umgeben von grünen Feldern und Wiesen, direkt an der westfälisch-hessischen Landesgrenze. Im Dorfzentrum von Holzhausen wurde 1696 ein Gebäudekomplex mit beeindruckenden Fachwerkgiebeln errichtet. Eine Inschrift im Eingangsbereich zeugt von einer jahrhundertealten Geschichte: „SIMON FEI. KADRIN – EHLEUT. M. IOST LUP. 1696“. Der eigentliche Namensgeber des Hauses wird im Jahr 1838 erstmals in den Dorfchroniken erwähnt. Der Fensterbauer Johannes Müller lebte in diesem besonderen Haus und weil in Holzhausen Fenster als „Fiester“ bezeichnet wurden, entstand der siegerlandbekannte Name „Fiester Hannes“.

Das Restaurant mit seinem alten Fachwerk auch im Inneren strahlt viel Gemütlichkeit aus. Im Sommer sitzt man idyllisch auf den gepflasterten kleinen Terrassen, beschattet von Bäumen und eingerahmt von Kräutern und Blumen. An das Restaurant grenzt ein ehemaliges Scheunengebäude an, das zum kleinen Hotel mit nur wenigen Zimmern ausgebaut wurde. Dazu in direkter Nachbarschaft steht die sensibel renovierte „Alte Schule“, die zwar nicht zum Hotel-Restaurant gehört, aber auf beeindruckende Weise das Fachwerkensemble ergänzt. Es liegt ein Zauber auf diesem Ort, wo das ruhige Schlafen und gute Essen den Besuch zu einer ganz besonderen Auszeit macht. Wer hat schon einmal in einem Dorf in einem Hotel übernachtet und sich dabei so wohl gefühlt? Der „Fiester Hannes“ wirkt wie ein Kleinod aus einer anderen Zeit in unserer rauschenden, lauten, digitalen Welt. Von hier aus kann man sich bestens aufmachen, um die vielen anderen Glücksorte im Siegerland zu entdecken.

● Hotelrestaurant Fiester Hannes, Flammersbacher Straße 7, 57299 Burbach, Tel. (0 27 36) 29 59 0, www.fiesterhannes.de

d'r Fiester Hannes
Gasthaus

Bauhaus auf dem Land

55

Das Landhaus Ilse in Burbach

Wer vermutet schon, dass es in Burbach ein Haus geben könnte, das nach dem Vorbild des berühmten Hauses am Horn in Weimar erbaut wurde. In der Tat war das auch lange völlig unbekannt und die Verwandtschaft mit dem Haus am Horn wurde erst 2002 entdeckt.
Man kann kostenlos bei der Gemeinde Burbach eine Führung mit Katrin Mehlich durch das hellgelbe Haus buchen. Das macht den Besuch so richtig spannend, denn die skurrilen Geschichten, die Katrin Mehlich – in der Region auch bekannt als die Kabarettistin Daubs Melanie – erzählen kann, sind bemerkenswert, so unter anderem die Anekdoten über die esoterischen Eskapaden des Willi Grobleben. Dieser war 1924 als technischer Direktor nach Burbach gekommen und begann dort unverzüglich mit dem Bau des Hauses.

TIPP

Übrigens lädt gleich um die Ecke das Buchhellertal zu einer Wanderung ein.

Den gehobenen Lebensstil der Bewohner spiegeln die Räume wider. Da ist zum Beispiel das herrschaftliche Wohnzimmer, das durch ein Oberlicht eindrucksvoll in Szene gesetzt wird und in der Fantasie so manche schicke Dame lebendig werden lässt, die hier einst mit Zigarettenspitze und Federboa zu Rumbamusik durch den Salon tänzelte. Von diesem Raum, der als Atrium die Mitte des Hauses bildet, erreicht man die übrigen, zum Teil in kräftigen Farben gehaltenen Räume. Beim Durchschreiten taucht man ein in Jahrzehnte deutscher Geschichte und hat das Gefühl, das Haus sei eben noch bewohnt gewesen – fast möchte man den Inhalt der Einmachgläser probieren, die immer noch im Vorratsschrank stehen. Benannt hat der Erbauer das Haus übrigens nach seiner Tochter Ilse, die das Haus bis zu ihrem Tod im Jahr 2000 bewohnte. Und man könnte meinen, sie würde in einem der vielen original erhaltenen Räume voller schrägem, nostalgischem Charme gleich um die Ecke kommen. Nicht nur ein Tipp für Bauhaus-Experten und all die, die Architektur und skurrile Geschichten mögen!

- Landhaus Ilse, Erzweg 3, 57299 Burbach, Kontakt: Katrin Mehlich, Tel. (0 27 36) 45 88, www.burbach-erleben.de
- ÖPNV: ab Siegen ZOB Bus R22 oder R24, Haltestelle Kreuzborn

Zurück in die Fünfzigerjahre

56 Das Heimhof-Theater in Burbach

Ein erstaunlicher Ort: ein 1917 im Jugendstil erbautes, hufeisenförmiges Gebäude, das ursprünglich als Pferdestall für die benachbarte Dynamit-Fabrik dienen sollte und aus dem dann nach dem Zweiten Weltkrieg ganz unerwartet ein Kino und Showroom wurde. In dieser Zeit gab es offensichtlich ein hohes Interesse an Kultur auf dem Land und ein enormes Engagement, das dazu führte, dass 1951 ein Kulturkreis gegründet wurde und schon im selben Jahr die ersten Theaterensembles im Heimhofsaal gastierten. 1955 wurde ein Foyer angebaut und ab dann hieß dieser verblüffende Ort Heimhof-Theater, der offensichtlich schnell ein Anziehungspunkt auch für international bekannte Schauspieler und Künstler wurde. Die originalen Plakate hinter der Bühne bezeugen, dass unglaublich viele Stars aus den 1950er-, 1960er- und 1970er-Jahren dort aufgetreten sind.

Und wenn man heute das Theater betritt, fühlt man sich in diese Zeit zurückbefördert: Bonbonfarbene Punkte geben der Decke im Foyer Fröhlichkeit, die leichtfüßigen, knallroten Garderobenmöbel im Stil der Fünfzigerjahre sind stilecht, während James Dean grimmig-charmant vom Filmplakat schaut. Lampen in Tulpenform, Paneele aus Holzimitat, vergoldete Spiegel auf den Säulen und Originaltapeten mit sehr speziellen Mustern geben dem Saal des Filmpalastes ein elegantes Flair. Man möchte an der ovalen Bar an einem Martini nippen wie die Stars in den Filmen dieser Zeit.

Vollends zum Zeitsprung gerät der Besuch, wenn man eine der monatlichen Filmvorführungen des Filmpalastes besucht. Der umtriebige Förderverein sorgt dafür, dass regelmäßig ein altes Filmschätzchen in Schwarz-Weiß gezeigt wird. Man nimmt Platz auf der Originalbestuhlung und taucht ab in eine andere Welt. Neben diesem außergewöhnlichen Filmerlebnis gibt es auch weitere Programmhighlights mit Kabarett, Musik, Lesungen und Kindertheater. Auf jeden Fall sollte man sich diesen Ort nicht entgehen lassen, wenn man ein Faible für diese Zeit hat.

TIPP

Wer aus dem Theaterabend einen kleinen Kurztrip machen möchte, kann sich im Hotel Snorrenburg in Burbach einquartieren.

● Heimhof-Theater, Heimhofstraße 7a, 57299 Burbach, Abendkasse: Tel. (0 27 36) 44 99 34 1, www.heimhoftheater.de

Abendkasse

Die Perspektive wechseln

57 Landschaftsfliegen mit kayfly

Was macht manche Momente so tiefgehend, dass wir einfach lächeln und zufrieden sind? Manchmal ist es nur ein neuer Blick auf Altbewährtes, der uns manches Schöne in Erinnerung ruft, was wir sonst vielleicht zu oft übersehen, weil es so nah oder so selbstverständlich ist oder wir im Alltagstrubel einfach nicht (mehr) daran denken. Für einen solchen Moment kann man sich zum Beispiel mit Fluglehrer Kay Stabenow in seinen Hubschrauber setzen und sich auf 3000 Fuß Flughöhe bringen lassen. Hier vollzieht sich ein Perspektivwechsel der ganz speziellen Art: Kay Stabenow nennt es selbst „Landschaftsfliegen". Es ist eben nicht nur das Fliegen an sich, sondern das Eintauchen in die Landschaft, die hier auf eine ganz besondere Art erlebbar wird.
Der Hubschrauberpilot begrüßt die Landschaftsfliegerinnen und -flieger in der Lounge aus Glas und Beton über seinem neuen Hangar am Siegerländer Flughafen. Der Klassiker aller Hubschrauber, der Jet Ranger Bell 206, steht wartend bereit und glänzt dunkelblau in der Sonne. Einsteigen, anschnallen, schon spürt man die Schwingungen in der Luft und hebt unter dem ordentlich lauten Sound der Hubschrauberturbine ab, steigt hoch hinauf, lässt die Welt unter sich, eine Welt ganz nah der unseren und doch ganz anders: Kleiner, übersichtlicher liegt sie da, grüne, gelbe, braune Flächen wechseln sich ab, ergeben ein Muster.
Plötzlich entdeckt man aus dieser Perspektive das Elternhaus, vertraute Wege zur Schule oder zur Arbeit werden in ihren Zusammenhängen ganz anders sichtbar. Es kann den Blick in die Vergangenheit geben, aber es gibt vielleicht auch den Blick in die (gemeinsame) Zukunft, zum Beispiel auf einem Hochzeitsflug mit kayfly.
Wer am Ende des Fluges auf der hölzernen Plattform steht, hat Adrenalin für die nächsten zwei Tage im Körper und ist einfach nur – glücklich.

● kayfly, Siegerland Flughafen, Flughafenstraße 2b, 57299 Burbach,
Tel. (01 73) 92 77 72 2, www.kayfly.de

Immer dem Duft nach

58 Backtag im Niederndorfer Backes

Mal angenommen, es ist der erste Donnerstag im Monat. Dann nämlich ist Backtag in Niederndorf und „Schanzenbrote", „Bäckel" und „Bierbrot" ziehen mit ihren unwiderstehlichen Aromen eine leckere Duftspur durchs Dorf. Backtage und Backesfeste haben im Siegerland an vielen Orten eine lange Tradition. Der Backes (das Backhaus) in Niederndorf ist zwar erst 1996 in der jetzigen Form an der Stelle eines Vorgängers erbaut worden, fügt sich aber in seiner Fachwerkbauweise nahtlos in den alten Ortskern ein. Gleich nebenan steht das denkmalgeschützte „Boos Hus" aus dem 15. Jahrhundert.

Kaum hat man in der Nähe des Backes geparkt und das Auto verlassen, kommen einem schon Leute entgegen, die bepackt sind mit Broten. Der Verkaufsraum beherbergt viele davon, eines sieht leckerer aus als das andere, aber fast alle sind reserviert. Drei bis vier Hobbybäcker backen hier und sind voll in ihrem Element. Sie machen das ehrenamtlich, ungefähr achtmal im Jahr. Zwei Tage vorher befeuern sie den Backofen mit Schanzen, die aus dem Hauberg stammen, einer typisch siegerländischen Form der Waldbewirtschaftung. Der Sauerteig wird angesetzt, wobei alte Rezepte ohne jeden Zusatzstoff die Grundlage sind. Und das schmeckt man! Am Backtag stehen dann ab 14 Uhr etliche Fans von gutem Brot vor der Tür des Backes. Die meisten sind aus dem Dorf oder wohnen in der Nähe, sodass der kleine Verkaufsraum an diesen Donnerstagen zum Treffpunkt wird. Dadurch sorgt der Verein, der den Backes betreibt, durchaus beabsichtigt nebenbei für eine Bereicherung des Dorflebens.

Man findet die Termine der Backtage unter der Rubrik Veranstaltungen auf www.heimatverein-niederndorf.de und sollte spätestens bis zum Vortag bei Martin Breloer vorbestellen, will man sicher sein, ein Brot abzubekommen. Hat man es ergattert, steckt man es glücklich in die Tasche und atmet den Wohlgeruch der frisch gebackenen Köstlichkeit ein.

- Niederndorfer Backes, Niederndorfer Straße 64, 57258 Freudenberg, Tel. (0 27 34) 55 25 2
- ÖPNV: ab Siegen ZOB Bus R39, Haltestelle Niederndorf Ort

Wandern mit Sternchen

59 Der KulturFlecken-Weg in Freudenberg

Eine hölzerne junge Frau mit Kind steht am Straßenrand, ein Fischschwarm durchquert den Wald, dahinter blitzt in der Sonne das Wasser eines kleinen Sees. Hochsitze umarmen sich über dem Wind, was ist da passiert? Etwas weiter inspirieren Satzteile zum Philosophieren, hängen sonderbare Worte als Mobile vom Geäst. Plötzlich liegen verwitterte Teile eines Transportwagens am Wegesrand und erinnern an einen Überfall auf Freudenberg im 18. Jahrhundert. Oder in Bäumen schaukelnde Porträts erzählen Geschichten vom gelebten Leben unbekannter Personen. Insgesamt 16 Stationen bietet der KulturFlecken-Weg. Sie beflügeln die Fantasie, amüsieren, erfreuen, machen nachdenklich und schaffen Verbindungen zur Geschichte des Ortes, während man dem 6,5 Kilometer langen Rundweg durch einen herrlichen Laubwald folgt. Namhafte regionale Künstler haben die Kunstobjekte entworfen und realisiert. An jeder Station bekommt man über QR-Codes Erklärungen zu den Arbeiten, man sollte also sein Smartphone dabeihaben. Für Kinder gibt es extra einen Kinderkunstführer, den man sich genauso wie den Katalog zu den Kunstwerken vorher in der Touristen-Info in der Kölner Straße 1 in Freudenberg beschaffen kann.

Man startet den Rundweg am Parkplatz P4 in der Burgstraße von Freudenberg und folgt ab da den roten Schildern mit dem silbernen Stern. Dieser ist das Symbol des KulturFlecken Silberstern e.V., dessen Mitglieder seit vielen Jahren mit sehr viel Engagement vielfältige kulturelle Angebote auf die Beine stellen.

Am Anfang geht es ein wenig mühsam bergauf, aber dann kann man dem Weg ohne Anstrengung folgen, dafür mit viel Genuss und Muße auf den zahlreichen Bänken Platz nehmen und das viele Grün, die Ruhe und die Kunst auf sich wirken lassen. Und ein Muss am Ende der Wanderung: in der schönen Altstadt ein kühles Getränk oder einen leckeren Imbiss nehmen.

TIPP

Der Weg lässt sich auch mit dem Fahrrad bewältigen. Bei Kunststation 12 lohnt ein Schlenker nach Hohenhain und eine Fahrt durch den Hohenhainer Tunnel.

- KulturFlecken-Weg, Start: Burgstraße, 57258 Freudenberg
www.kulturflecken.de
- ÖPNV: ab Siegen ZOB Bus R37 oder R38 Richtung Freudenberg, Haltestelle Morerplatz

Glück auf vier Rädern

60

Die etwas andere Buslinie im Siegerland

Wenn am Straßenrand Erwachsene und Kinder stehen bleiben, lächeln und winken, dann scheint es, als ob sich das eigene Glück auch auf die Mitmenschen übertragen lässt. Es ist ein ganz besonderes Geschenk, bei einer der Fahrten mit dem nostalgischen VW-Bulli von Dirk Böhme im Siegerland dabei zu sein. Er und seine Frau Claudia teilen eine große Leidenschaft für einen ganz besonderen Oldtimer und haben sich vor einigen Jahren auf die Suche begeben, um ein Exemplar aus der T1-Linie zu ergattern, die 1972 in Brasilien zum ersten Mal vom Laufband ging. Fündig geworden sind sie dann in Wilnsdorf, ganz in der Nähe ihrer Heimatstadt Olpe. Seither schraubt, poliert und werkelt Dirk Böhme am markant weiß-blau glänzenden Schmuckstück. Viel Chrom blinkt in der Sonne, die geteilten Frontscheiben lassen sich auf und ab bewegen und wirken wie ein Augenzwinkern.

Im hellen Innenraum des Bullis hat Claudia Böhme mit vielen selbst genähten Details für ein fröhliches Ambiente gesorgt. Blaue Schiebegardinen, bedruckte Kissen und Sitzbänke ganz im Zeichen des Oldtimers lassen schon das Einsteigen in den Bus zu einem unvergesslichen Erlebnis werden. Wenn Dirk Böhme dann den Viertakt-Ottomotor zündet und den ersten Gang im großen Schaltgetriebe einlegt, kann diese emotionale Fahrt mit 40 PS unter der Haube beginnen. Der Motor knattert hörbar, man spürt den Fahrtwind, der durch die nostalgischen Safarifenster weht, und die großen Federn in den Sitzbänken schaukeln alle Mitfahrenden in eine fast vergessene Geschichte früheren Fahrkomforts. Dirk Böhme kennt all die Details um dieses schöne Automobil und macht die Fahrt zu einer unterhaltsamen Reise durch das grüne Siegerland. Ob Kaffeekränzchenausflug, Junggesellinnen-Abschied, Hochzeits- oder Geburtstagsfahrt: Mit neun Sitzplätzen bietet der Bulli eine unvergessliche Fahrt ins Glück!

● Linie T1, Zur Häsel 10A, 57258 Freudenberg,
zur Terminvereinbarung Kontakt über Tel. (01 71) 74 20 06 44

SI T174H

Vis-à-vis von Alpakas wohnen

61 Der Hof Erlenbruch in Friesenhagen

Man hat kurz das Gefühl, sich verfahren zu haben, wenn man sich zum Hof Erlenbruch aufmacht. Ein paar Kilometer hinter Friesenhagen geht es links ab auf ein kleines Sträßchen, das sich durch Wiesen und hügelige Landschaft zieht, vorbei an Kuhherden, die einen mit ihrem Glockengeläut begleiten. Es geht immer weiter bergan, bis der Weg schließlich am Hof endet. Dieses alte Schätzchen, das erstmals Ende des 16. Jahrhunderts erwähnt wurde, hat Benedikt Kappenstein 2010 mitsamt den Weiden gekauft und sich damit einen lang gehegten Traum erfüllt.

Rund 40 Jahre lang hatte der Hof leer gestanden und es war höchste Zeit, ihm neues Leben einzuhauchen. Zuerst war da die Idee mit der Zucht von Alpakas, denen er sich mit Leib und Seele widmet. Daraus ist von 2016 bis heute eine richtige Herde mit mindestens 30 Tieren geworden. Deren Wolle wird in Deutschland weiterverarbeitet, mal zu Strickgarn, mal zu Bettdecken oder Kissen. Im Hofladen kann man diese Dinge bestaunen und kaufen. Dann erst entstand die Idee, aus dem ehemaligen Heuschober eine Ferienwohnung zu machen. Und so gibt es jetzt inmitten des Landidylls ein luftiges Loft, wo man weit weg von jeder Straße und ohne Autolärm entspannte Tage verbringen kann. Und für Schmuddelwetter gibt's eine Sauna.

Von der Ferienwohnung aus sieht man in das schöne Tal und auf die weidenden Alpakas. Man kann dabei sein, wenn morgens die Tiere aus dem Stall traben oder am Abend zurückgeholt werden. Alpakas haben ein äußerst friedvolles Wesen. Das scheint anzustecken, wenn man sich in ihrer Nähe befindet und in ihre großen Augen schaut. Man möchte sie einfach streicheln. Die Alpakawanderungen, die Benedikt Kappenstein anbietet, sind daher oft über Monate ausgebucht, die Zahl derer, die sich auf diese Weise vom Alltagsstress erholen wollen und ihr Glück in dieser Abgeschiedenheit suchen, scheint stetig zu wachsen.

● Hof Erlenbruch, Erlenbruch 1, 51598 Friesenhagen, Tel. (0 27 34) 49 56 36 4 oder (01 70) 41 89 22 3, www.hof-erlenbruch.de

Geschichte(n) auf der Spur

62 Der Kapellenweg bei Friesenhagen

Bei dieser Wanderung eröffnen sich einem wunderbare Ausblicke auf Landschaften und verwunschene Burgen sowie eine Menge Geschichte(n), und das macht den rund neun Kilometer langen Rundweg spannend und reizvoll, auch wenn man dabei schon einmal ein wenig aus der Puste kommt.

Der günstigste Startpunkt der Wanderung ist der Parkplatz am „Wildenburger Hof" in Crottorf. Gleich gegenüber liegt verwunschen das Wasserschloss, immer noch bewohnt von echten Grafen und Gräfinnen. Zunächst geht es ein kleines Stück entlang der Landstraße Richtung Norden, dann bald links entlang der Fischteiche durch ein Waldstück bergauf bis zur Rautenmarkierung des Siegerländer Höhenrings. Auf diesem Weg gelangt man zur ersten Kapelle, die Rochus geweiht wurde. Ob der wohl immer noch als Schutzpatron bei Pandemien tätig ist? Von dort hat man einen weiten Blick und entdeckt die Wildenburg mit ihrem Turm, in dem man sich gut Dornröschen oder Rapunzel vorstellen kann.

In einem Bogen führt der Weg zur Burg, die früher sehr viel machtvoller auf dem Bergsporn ruhte und ganz sicher auch von Rittern bevölkert war. Hin und wieder begegnet man auf dem Rundweg einem äußerst unrühmlichen, aber dennoch interessanten Kapitel der Geschichte: Im Wildenburger Land gab es im 17. Jahrhundert Hexenprozesse. Auf einer Kuppe oberhalb von Friesenhagen steht zur Mahnung daran die rote Sankt-Anna-Kapelle. Der Ort mit seinen Fachwerkhäusern und seiner gelben Kirche ist von dort oben schon zum Greifen nah. Schließlich kommt man auf einen Kreuzweg, der zur Kreuzkapelle und dann hinab zum Schloss Crottorf zurückführt. Hier kann man samstags und sonntags die Innenhöfe und den Park des Schlosses besichtigen und einen kleinen Blick in die Welt des Adels werfen. Oder aber man kehrt in den „Wildenburger Hof" ein und genießt ganz bürgerlich auf der Terrasse ein leckeres Mahl und einen kühlen Drink.

● Startpunkt: Schloss Crottorf und Landgasthof Wildenburger Hof, Crottorf 7, 51598 Friesenhagen
www.steffmann.de/wordpress/6960/rundwanderung-wildenburg

Abkühlung bei 35 Grad

63 Die Zitzenbach in Ferndorf

Es gibt Orte, die schon allein wegen ihrer besonderen Lage, abseits vom Trubel der Stadt, ein Geheimtipp sind. Das mittlerweile über 80 Jahre alte Naturfreibad Zitzenbach in Ferndorf bei Kreuztal ist so ein wunderbar erholsames Kleinod mitten im Ferndorfer Wald. Hier sind schon viele Generationen von Badebegeisterten glücklich geworden. Kommt man zum ersten Mal hierher, muss man aber schon ein bisschen suchen. Nur ein kleines Hinweisschild mit der Aufschrift „Freibad" in der Wohnsiedlung weist den Weg zum Waldparkplatz oberhalb der Zitzenbach. Von dort sind es wenige Minuten Fußweg durch einen kühlen Buchenwald, bevor die ersten Glitzerstrahlen der Sonne auf der Teichoberfläche sichtbar werden. Hier tauchen täglich von Mai bis August schwimmbegeisterte Besucher in ein so unglaublich angenehm kühles Wasser, dass sie für den Rest des Tages wohlig erfrischt sind. Dieses Wasser kommt aus dem oberhalb liegenden Bergstollen – daher ist es immer frisch und klar – und fließt weiter in einen Naturteich. Es gibt eine Außendusche und ein paar Bänke in der Sonne und im Schatten rund um das Wasser, aber auch eine große Liegewiese. All das ist dem unermüdlichen Förderverein zu danken, ohne den es die Zitzenbach und den Badespaß so nicht gäbe.

Es geht hier immer recht unkompliziert zu. Jeder kennt jeden, man grüßt sich herzlich beim Eintauchen ins erfrischende Nass oder hält einen Plausch am Beckenrand. Wer sich nicht allein ins Wasser traut, kann auf den Bademeister warten, der ab 11 Uhr das Naturfreibad betreut. Und wer ein bisschen verweilen möchte, sollte sich unbedingt selbst mit Ess- und Trinkbarem versorgen, denn einen Kiosk gibt es nicht. Nur ein Eiswagen biegt manchmal zur Freude aller überraschend um die Ecke. Und wenn am späten Nachmittag die Badegäste langsam abgezogen sind, gehören einem das Bad und die Wiese fast allein. Man kann in Ruhe seinen Picknickkorb auspacken und es sich so richtig gut gehen lassen.

- Naturfreibad Zitzenbach, Wanderparkplatz Nußbaumweg, 57223 Kreuztal
- ÖPNV: ab Siegen Hbf. RB43 Richtung Bad Berleburg, Haltestelle Ferndorf, von dort etwa 25 Minuten Fußweg

Burgfrieden und kalte Hunde

64 Die Ginsburg bei Hilchenbach-Lützel

Seit fast 800 Jahren überragt die Ginsburg in der Nähe der Ortschaft Lützel die Landschaft. Während hier früher Raubritter ihr Unwesen trieben, bevölkern heutzutage Wanderer die Gegend um die Höhenburg, die quasi direkt an den Rothaarsteig angebunden ist. Dieser führt von Brilon bis Dillenburg, und jedes Jahr sind erkennbar mehr Menschen auf ihm unterwegs. Etliche von ihnen übernachten sogar mitten im Wald, sei es in Hängematten, kleinen Zelten oder den Köhlerhütten, von denen sich einige in der Umgebung finden. So kann man sehr unmittelbar Fuchs und Hase gute Nacht sagen und die Stille der Natur genießen. Und damit das Wild Camping ein wenig Komfort bietet, findet man in dem neuen Pavillon an der Ginsburg einen besonderen Service, nämlich eine Sanitäranlage, in der man eine warme Dusche nehmen kann. Erfrischt lässt sich dann der Bergfried besteigen, von dem aus man einen fantastischen Blick über das Rothaargebirge hat. Die Aussichtsplattform lässt sich aber auch barrierefrei mit einem Aufzug erreichen. Die Burg selbst beherbergt ein Museum, das viele Geschichten rund um das Gebäude erzählt, und ab und an auch als schöne Location für Trauungen fungiert.

Da neben so viel Geschichte und Natur als Geist- und Seelennahrung aber auch der Magen seinen Tribut fordert, gibt es seit 2021 wieder eine Schänke auf der Burg. Bei weniger gutem Wetter kann man in dem ehemaligen Gewerkenhaus mit seinem schön sanierten Fachwerk einkehren, sich am Kaminofen wärmen und sich mit Flammkuchen oder einem Süppchen stärken. Oder aber man greift zu den sehr speziellen hausgemachten Kuchen. Wo sonst bekommt man noch Kalten Hund und Eissplittertorte? Nicole Grothe, die Pächterin der Schänke, freut sich darüber, wenn Gäste sich dabei an Kindergeburtstage früherer Zeiten erinnert fühlen. Im Sommer sitzt es sich draußen wunderschön, mit Blick auf das Gebäudeensemble und den Wald. Man kann sogar für ein Fest die Burgküche mieten und so selbst für kurze Zeit Burgfrau werden.

● Ginsburg, Schlossberg 1, 57271 Hilchenbach, Tel. (0 27 33) 6 99 02 01
www.ginsburg.info

Liebeserklärung an den Tango

65

Das Café Basico in Kreuztal

Eigentlich wollten sie nur Tango tanzen und sich dafür einen Raum schaffen. Dass daraus ein so großes Projekt für fast anderthalb Jahrzehnte werden würde, haben Eva und Klaus Vetter am Anfang nicht geahnt. Trotzdem würden sie es immer wieder so machen. Allein die Sanierung des alten Lokschuppens in Kreuztal hat drei Jahre gedauert, weil eben alles in Eigenleistung entstanden ist. Und es hat sich gelohnt, an dem schönen Sandsteingebäude die großen Bogenfenster in neuem Glanz erstrahlen zu lassen, die Ziegelmauern zu restaurieren und neue Holzböden zu verlegen, die es unbedingt braucht, will man geschmeidig übers Parkett gleiten. „Tango zu tanzen ist wie eine Liebeserklärung, eine Liebeserklärung an den Augenblick, an die Freiheit, an die Berührung, an das Gegenüber, an die Bewegung, an die Musik und an den Raum“, sagt Eva Vetter. Diese Liebe ist tatsächlich in der Gestaltung des weinroten Tanzsaals und des gemütlichen Cafés spürbar. Dort herrscht eine warme Atmosphäre, man fühlt sich wohl und spürt die Freundlichkeit des Teams und die Wertschätzung im Umgang miteinander.

Das Herz der Vetters schlägt natürlich vor allem für den Tango. Wöchentlich bzw. monatlich gibt es feste Termine für Tango-Kurse, Milongas und Übungsabende. Die sonntägliche Salsa-Fiesta ist von jeher ebenfalls ein fester Bestandteil und Treffpunkt der regionalen Szene. Es war überdies immer schon die Idee von Eva und Klaus, dass es mit dem Basico einen weiteren Auftrittsort geben sollte für die vielen Kulturschaffenden in der Region, und so finden hier inzwischen vielfältige Veranstaltungen statt: Musik von Klassik bis Rap, Theater, Filmabende und Yoga sind nur einige Beispiele. Highlights im Jahr sind die mehrtägigen Events wie der Tango-Marathon oder Tango-Musikseminare. Dann gibt es sogar die Möglichkeit, in einem der alten Bahnwaggons, die vor dem Café Basico stehen, zu übernachten; ganz „basic“, aber sehr, sehr ungewöhnlich.

- Café Basico, Hüttenstraße 30, 57223 Kreuztal, Tel. (01 71) 90 93 48 2
  www.cafebasico.de
- ÖPNV: ab Siegen ZOB Buslinie R10 Richtung Kreuztal, Haltestelle Hüttenstraße, von dort etwa 20 Minuten Fußweg

Laden mit Aussicht

66 Der Eichenhof in Kreuztal

Ein bisschen fahren muss man schon, bis man den Eichenhof erreicht. Dann aber betritt man einen schicken Hofladen mit einem Ausblick der Extraklasse: Durch die großen Fenster schaut man ins Tal, hinweg über die Wiesen, auf denen die hofeigenen Angusrinder grasen. Vor mehr als zehn Jahren haben Andrea Zimmermann und Thorsten Junge den Betrieb der Eltern umgestellt auf die Zucht dieser Rasse. Große Weide- und Futterflächen waren vorhanden, sodass die Tiere nahezu ausschließlich vom eigenen Gras und Heu ernährt werden. Die mehr als 80 Rinder können die schöne Aussicht und das satte Grün von Anfang Mai bis Ende Oktober draußen genießen. Erst ab November geht es ab in den geräumigen Stall.

Seit 2018 gibt es den Hofladen, wo man das biozertifizierte Rindfleisch kaufen kann, das ausschließlich von den eigenen Tieren stammt. Kaum öffnet am Donnerstag um 10 Uhr der Laden, drängen auch schon die Kunden herein, denn die Qualität des Fleisches hat sich rumgesprochen: Grill-Liebhaber verlangen nach Steaks und anderen Kurzbratenstücken, im Herbst und Winter ist dann eher etwas zum Braten und Schmoren gefragt. Und auf Bestellung gibt es ganz besondere Stücke wie Ochsenschwanz, Flank und Ochsenbäckchen, die man längst nicht mehr überall bekommen kann. Geöffnet ist der Laden von donnerstags bis samstags.

Die Kunden kommen aber nicht nur wegen des guten Fleisches hierher, sondern auch wegen des Angebots an frischem regionalen Obst und Gemüse und wegen des leckeren Brotes, das Andrea Zimmermann in der hauseigenen Backstube backt und dem sie so schöne Namen gibt wie „Hoffnungsbrot“. Dahinter verbirgt sich ein köstliches Sauerteigbrot, dessen Duft man schier nicht widerstehen kann. Vor dem Rückweg sollte man aber noch einen kurzen Moment lang die friedliche Atmosphäre der grasenden Rinder genießen. Denn die steckt an.

● Biolandhof Eichenhof, Eichenhof 1, 57223 Kreuztal, Tel. (01 78) 41 55 67 0
www.eichenhof-kreuztal.de

Der Geschmack der Kindheit

67 Die Keksfabrikation Ajeti in Kreuztal-Eichen

Es riecht nach Butter und frisch Gebackenem – wir sind im Verkaufsraum eines kleinen Familienbetriebs. Aus dem Ofen in der Backstube nebenan strömt Wohlgeruch, dort formen flinke Hände hochwertige Kekse, die dann in Mandelsplitter oder Krokant gehüllt, mit Haselnüssen versehen oder mit Sonnenblumenkernen ihr endgültiges Outfit verpasst bekommen. Diese Hände gehören zum jungen Team von Gezim Ajeti, der sich schon bald nach seiner Ausbildung zum Bäcker auf Kekse spezialisierte und 2011 seine Keksfabrikation in Eichen eröffnete.

Er hat sich bewusst gegen Massenproduktion entschieden, weil er nur so Raum genug hat, neue Rezepturen zu entwickeln, die seinen Vorstellungen entsprechen. So entsteht hier frisches und hochwertiges Gebäck, das schmeckt wie die selbst gebackenen Plätzchen von Oma. Und die Preise sind bei so viel Handarbeit sehr fair.

Besonders die Kekse mit ganzen Haselnüssen haben einen echten Suchtfaktor: Sie sind knusprig, buttrig und haben das wunderbare Aroma gerösteter Nüsse. Daneben findet man, wenn man sich in den Regalen des kleinen Ladens umschaut, auch Mandelgebäck, Dinkel- und Kokostaler, Schoko-Kleeblätter, Erdnussgebäck und Florentiner. Das Angebot variiert je nach Saison: Im Herbst und Winter kommen schokolierte Früchte und Weihnachtsgebäck dazu. An dem Standort in Eichen kann man tatsächlich jeden Tag einschließlich Sonntag die Leckereien probieren, man bekommt die Kekse aber auch an firmeneigenen Ständen auf Wochenmärkten, in etlichen Supermärkten und seit geraumer Zeit bundesweit über einen Online-Shop.

Die Wahl fällt schwer, aber es lässt sich ja schließlich auch mehr als ein Beutelchen nach Hause tragen. Sich mit einem Bissen wohlig seufzend in die Kindheit zurückversetzt zu fühlen – wer kann dieser Versuchung schon widerstehen?

- Keksfabrikation Ajeti, Hagener Straße 176, 57223 Kreuztal-Eichen
  www.keksfabrikation.de
- ÖPNV: ab Siegen Hbf. RB91 bis Kreuztal Bahnhof, dann Bus R10 bis Haltestelle Krombach, Zimmerstraße

Echte Blumenkunst

68

Die Blumenwerkstatt von Anna Tews

„Das bin ich", antwortet Anna Tews auf die Frage, was ihr denn die Arbeit mit Blumen bedeutet. Und sie lächelt dazu. Genau diese tiefe Verbindung zu den Pflanzen, ihre Liebe zum Detail, spürt man in allem, was die junge Floristin aus Wenden-Schönau in ihrer Blumenwerkstatt erschafft. Jede Pflanze im Strauß erzählt eine Geschichte von Farben, Düften, Strukturen und Formen. Alles harmonisch abgestimmt und jeder Strauß ein echter Hingucker. Voller Hingabe und Passion fertigt sie außergewöhnliche Floristik und Dekorationen an. So, wie sie sich um ihre Pflanzen kümmert, schaut sie auch auf die Menschen, sucht das Gespräch, möchte erfahren, was diejenigen interessiert, die sich für ihre farbenfrohen Sträuße, filigranen Blumenreifen oder ausgefallenen Zimmerpflanzen entscheiden. Man spürt, sie möchte eine Verbindung schaffen zwischen der Pflanze und ihrem Käufer.

Ein wirkliches Highlight ihrer Arbeit ist die Konservierung von Brautsträußen. Der Strauß wird nach der Hochzeit in liebvoller Handarbeit vorsichtig in all seine Einzelteile zerlegt. Jede Blüte wird abgezupft und mithilfe einer Blütenpresse aufwendig und behutsam getrocknet. Nach der Trocknung werden die vielen unterschiedlichen Einzelteile auf einem Bildträger angeordnet, um ein Muster zu erschaffen. Der Brautstrauß wird so zu einem echten Blumenkunstwerk, ist für immer hinter Glas gerahmt und auf diese Weise konserviert.

Wer selbst dem Handwerk der Blumenkunst näherkommen möchte, der sollte sich zu einem der außergewöhnlichen Blumen- und Dekorationsworkshops anmelden. In gemütlicher Atmosphäre, bei kleinen Snacks und prickelnden Getränken, zeigt Anna Tews ihren Teilnehmerinnen die Grundlagen der Gestaltung und Umsetzung floraler Kunst. Ob ausgefallene Boho-Kränze oder farbenfrohe Blumensträuße: Anna verrät in den Workshops in ihrer heimeligen Werkstatt in Wenden jede Menge Tipps und Tricks für ein ganz persönliches Blumenkunstwerk.

● Anna Tews Dekoration und Design, Anne-Frank-Straße 8, 57482 Wenden
Tel. (01 57) 57 84 58 42, www.annatews.de

Tierische Entschleunigung

69 Wandern mit Eseln in Heid

„Das Tempo bestimmen immer die Esel, meist auch die Richtung", sagt Walter Lütz. Die so sanften wie eigensinnigen Tiere machen eventuell schon nach wenigen Hundert Metern den ersten Halt, weil das Gras am Wegesrand plötzlich so verlockend ist. Kein gutes Zureden oder Ziehen hilft. Das ist genau die Idee: sich einlassen, die Dinge nehmen, wie sie kommen, bedingungslos im Hier und Jetzt sein.

Seit 2008 gibt es das Eselwandern, das Eselmobil und die Kulturscheune in Heid und alles fügt sich zu einer großartigen Gesamtidee, die Walter Lütz und Marlies Rousseau realisiert haben. Ein Wochenende in Heid wird immer zu einem besonderen Erlebnis für eine Familie, eine Gruppe von Freundinnen und Freunden oder auch für Manager, die sich in Teambuilding üben wollen. Meist melden sich kleine Gruppe an und das Programm wird vorher individuell abgesprochen. Man trifft sich in der netten Atmosphäre des alten Bauernhofes – bestimmt gibt es hier erst mal was zu trinken – und dann geht es mit den zwei Eseln und einem Shetlandpony auf zur Wanderung, die inklusive der Pausen zwischen zwei und sechs Stunden dauert. Gewandert wird bei Wind und Wetter. Besonders romantisch sind Touren im Winter, wenn es bei Einbruch der Dunkelheit mit Fackeln durch die Natur geht.

Dank dem störrischen Wesen der Esel entdeckt man Dinge, die man sonst nicht sehen würde, kommt auf neue Weise ins Gespräch miteinander und nach der ein oder anderen Überraschung unterwegs am Ende entspannt und gut gelaunt ans Ziel. Dort warten zur Krönung des Tages, wenn man denn will, ein leckeres Essen, ein guter Wein in der Scheune und das Eselmobil, in dem man mit bis zu fünf Personen übernachten kann. So können alle den Tag mit Geschichten, Lachen oder einfach ganz faul und müde ausklingen lassen, um vielleicht am nächsten Tag zu einer weiteren Eselrunde aufzubrechen und die neu entdeckte Langsamkeit zu zelebrieren.

● Walter Lütz und Marlies Rousseau, Johann-von-Bever-Straße 44, 57482 Wenden-Heid, Tel. (0 27 62) 60 391

Paradies für Gärtnerinnen

70 Der Pflanzenhof LaCreativa in Dreis-Tiefenbach

Ein Pflanzenhof in einem solchen Buch? Ja, auf jeden Fall! Denn wer auf der Suche nach Inspiration für eine interessante und naturnahe Gartengestaltung ist, der findet sehr viel Schönes bei LaCreativa in Dreis-Tiefenbach. Beim Wandeln über die fast parkartigen Flächen gibt es so viel zu entdecken: Sträucher, Obstgehölze, Stauden, Hausbäume, Bonsai, mediterrane Pflanzen, Gartenaccessoires und Terrakottapflanztöpfe aus der Toskana. Am schönsten ist es in den Morgenstunden, wenn der Tau der Nacht noch auf den Blättern der Pflanzen liegt und alles mit voller Kraft sein Blattwerk der Sonne entgegenstreckt. Blätter und Äste der fachkundig ausgewählten Gehölze leuchten mit ihren unterschiedlich schattierten Farben beim Betreten des Geländes dem Besucher entgegen. Die Bäume scheinen einen fast zu umarmen bei einem Gang durch den hinteren Bereich des Pflanzenhofs. Es gibt Pflegeleichtes, Exotisches, Immergrünes, Duftendes und Fruchttragendes. Gerade bei den Solitärgewächsen, frei stehenden Pflanzen, die einem Garten seinen besonderen Charakter verleihen, hat sich das Team von La Creativa auf eine große und besondere Auswahl spezialisiert und ist dafür über die Landesgrenzen hinaus bekannt.
Im Eingangsbereich begrüßt ein Füllhorn von Stauden. Alle hier zu sehenden blühenden Schönheiten sind zu jeder Jahreszeit Hingucker im Garten. In den nostalgischen Gewächshäusern, die auf dem Pflanzenhofgelände überall verteilt stehen, verströmen kleine und große Zitrus- und Olivenbäume ihren Duft und schenken dem Pflanzenhof ein fast mediterranes Ambiente. Spätestens jetzt werden Besucher von der Leidenschaft angesteckt sein, den eigenen Garten mit wunderschönen Bäumen und Stauden zu beschenken. Es findet sich dort sicher immer ein Plätzchen für ein grünes Mitbringsel aus dem Gartenparadies.

- Pflanzenhof LaCreativa, Siegstraße 60, 57250 Netphen, Tel. (02 71) 79 29 1
www.lacreativa.de
- ÖPNV: ab Siegen ZOB Bus R16, Haltestelle Alte Burg

Nach Herzenslust spielen

71 Der Bühlgarten in Netphen-Deuz

Beim Spielen wollen kleine und große Kinder aktiv sein und sich mit allen Sinnen ausprobieren und erfahren. Dafür benötigen sie gute Erlebnisräume, die ihnen das ermöglichen. Die Stadt Netphen hat daher zusammen mit der Bürgerinitiative „Netzwerk Deuz" vor allem Kinder und Jugendliche im Blick und bietet seit 2018 mit einem besonderen Projekt einen Ort der Aktivität für Groß und Klein: „Bühlgarten" heißt die Fläche zwischen dem ehemaligen Bahnhof Deuz und dem Lokschuppen, die mit viel Engagement von ehrenamtlichen Helfern und Deuzer Bürgern in einen Begegnungs- und Spielort verwandelt wurde. Das Spielplatzgelände ist riesig, sodass sich die Kinder in der Bewegungslandschaft richtig austoben können. Mal fordert der Geschicklichkeitsparcours mit seiner aufwendigen Holzkonstruktion auf hängenden, schwankenden Pfählen ihr Gleichgewicht heraus, mal können sie sich in Netzen vorwärts zum Ziel hangeln. Andere lädt mehr der Sandkasten zum Buddeln und Bauen ein und auf den langen Rutschen hört man die Kinder juchzen. Kaum unten angekommen, rennen sie schon los und jeder will am schnellsten wieder oben sein. In den Schulferien gibt es zusätzlich ein Ferienprogramm, zum Beispiel mit Geschichtenerzählern, Theater und Musik.

TIPP

Samstags oder sonntags ungewöhnliche Waffel-Variationen im Café Waffelzwerg in Feuersbach probieren.

Hier sind aber nicht nur Kinder willkommen, sondern auch Jugendliche können sich im „Bühlgarten" verausgaben: An der Torwand können sie um die Wette Tore schießen, am Basketballkorb Würfe trainieren oder mit dem Rad über die Rampenpiste düsen. Und für alle Erwachsenen, die sich gerne in Gemeinschaft draußen treffen, gibt es ein Spielfeld für Schachbegeisterte, einen Boule- und einen Grillplatz. Für die Dorfgemeinschaft und alle Besucher ist das ein echter Glücksgriff. Und man gelangt gut mit dem Fahrrad dorthin, denn das Gelände liegt direkt am Netphener Radring und ist gut angebunden an das Radwegenetz der Umgebung.

- Bühlgarten, Parkplatz Albert-Irle-Straße 12, 57250 Netphen-Deuz
www.netzwerk-deuz.de
- ÖPNV: ab Siegen ZOB Bus R16 Richtung Deuz, Haltestelle Deuz Ortsmitte

Vorhang auf für Filmgenuss

72

Das Viktoria Filmtheater in Dahlbruch

In den 1950er-Jahren erlebte Deutschland einen Kino-Boom. Lichtspielhäuser schossen überall aus dem Boden. Da Fernseher noch ein ganz besonderer Luxus waren, konnten nur Leinwände die Sehnsucht nach bewegten Bildern und guter Unterhaltung bedienen. Es entstanden große Kinobauten im Stil dieser Zeit, die mit ihren geschwungenen, asymmetrischen Sälen und mit weit in den Raum ragenden Galerien und großzügigen Foyers bei vielen Kinobegeisterten in nostalgischer Erinnerung geblieben sind.

Das charmante Filmtheater in Dahlbruch lässt seine Besucher ein Stück in diese besondere Filmwelt von damals eintauchen. Das Kino verfügt über 364 komfortable weinrote Sitze, die sich auf das Parkett und die beliebten Sitzplätze auf dem großen Balkon des Filmtheaters verteilen. Dort oben kann der Cineast seinen Filmabend in aller Gemütlichkeit genießen – das Glas Wein und einen kleinen Snack neben sich auf dem kleinen Abstelltisch. Das Viktoria Filmtheater zeichnet sich durch seine Einzigartigkeit als Filmkunst- und Programmkino in der Region aus. Spielplanleiter Jochen Manderbach hat mit viel Enthusiasmus und Liebe zum Kino und trotz allen Umbrüchen und technischen Entwicklungen den bei Einheimischen wie Gästen sehr beliebten Kinobetrieb auf dem Land aufrechterhalten können. Sein Engagement für ein anspruchsvolles und abwechslungsreiches Jahresfilmprogramm und ein sehr gutes Kinder- und Jugendfilmprogramm wird seit vielen Jahren mit Preisen belohnt. 2020 wurde das Viktoria Filmtheater bereits zum 30. Mal in Folge mit dem Kinoprogrammpreis ausgezeichnet.

Manche Kinoerlebnisse bleiben einfach unvergesslich. Meist sind es zwar die Filme, die sich ins Gedächtnis brennen. Doch gelegentlich hinterlässt auch das Kino selbst einen starken Eindruck, wenn sich – wie in Dahlbruch – majestätisch der rote Vorhang der dunklen Filmbühne öffnet.

- Viktoria Filmtheater, Bernhard-Weiss-Platz 6, 57271 Hilchenbach, Tel. (0 27 33) 61 46 7, www.viktoria-kino.de
- ÖPNV: ab Siegen Hbf. RB93 Richtung Bad Berleburg, Haltestelle Dahlbruch Bahnhof

Geister aus der Flasche

73

Die Brennerei Vierhasen in Hilchenbach

Da, wo sich Fuchs und Hase Gute Nacht sagen, hat Hans-Peter Hasenstab – quasi als One-Man-Show – seine „kleine westfälische Brennerei“ geschaffen. Der frühere Bürgermeister von Hilchenbach, der schon immer ein gutes Gespür für Geruch und Geschmack hatte, liefert hier Destillaterlebnisse der besonderen Art. Dafür hat er eine gründliche Ausbildung als Edelbrand-Sommelier und anschließend eine weitere zum Brenner gemacht. Dieses Streben nach Professionalität hat sich offensichtlich gelohnt, denn das, was er nun in seiner Freizeit hervorbringt, hat ihm viele Preise eingebracht. So darf er sich mit dem Prädikat „Haus der prämierten Brände“ schmücken. Wann man ihn besuchen kann, erfährt man auf der Homepage.

Gebrannt werden nur sehr kleine Mengen, aber die Sortenvielfalt ist ebenso wie deren außergewöhnliche Auswahl beeindruckend. Wer hat denn jemals einen Geist vom Speierling oder einen Löwenzahn-Limoncello-Likör getrunken? Auch der Absinth, das Szenegetränk des 19. Jahrhunderts, ist bei den Vierhasen nicht nur zu neuen Ehren gekommen, sondern löst in seiner speziellen Komposition eine wahre Geschmacks-explosion am Gaumen aus. Dass die Brände und Liköre so enorm aromaintensiv sind, liegt ganz sicher an den hochwertigen Rohstoffen, aber auch an der speziellen Konstruktion der Destillationsanlage, die mit einer Besonderheit, dem Anisateur, angefertigt wurde. Dieser wird mit frischen Früchten, Kräutern oder Gewürzen bestückt und die Geschmacksstoffe können so perfekt in den Geist oder Likör gelangen. Man sieht, dass Hans-Peter Hasenstab immer auf der Jagd ist nach neuen Ideen und vielschichtigen, komplexen Aromen. Von diesen fasziniert und beeindruckt verlässt man den kleinen Laden, in der Hand vermutlich eine Flasche, auf deren Etikett handschriftlich Alkoholgehalt, Jahrgang und Flaschennummer vermerkt sind. Damit lässt sich bestimmt auch beim Kochen noch so mancher Kick in viele Speisen zaubern.

● Vierhasen – kleine südwestfälische Brennerei, Dorfstraße 8, 57271 Hilchenbach, Tel. (0 27 33) 81 43 18, www.vierhasen.de
● ÖPNV: ab Siegen Hbf. RB93 Richtung Bad Berleburg, Haltestelle Bahnhof Vormwald

4 Hasen
KLEINE SÜDWESTFÄLISCHE BRENNEREI
Ingwer
LIKÖR
BRAND
39,7
% VOL.

Verweilen und innehalten

74 Das Gebetsrelief im Hilchenbacher Dom

Die evangelische Kirche in Hilchenbach oder der Hilchenbacher Dom, wie diese Kirche gerne genannt wird, ist eine große spätklassizistische Bruchsteinkirche und steht erhaben über dem malerischen Hilchenbacher Marktplatz.
Am Eingang leuchtet ein blaues Signet für „Verlässlich geöffnete Kirche" – die Kennzeichnung für evangelische Kirchen, die auch außerhalb der Gottesdienstzeiten für Besucher zugänglich sind. Sie sollen an jedem Tag Orte der Besinnung oder Begegnung und Oasen der Ruhe sein.
Fällt die hölzerne Kirchentür schwer hinter einem ins Schloss, entsteht ein spürbarer Freiraum zwischen Raum und Besucher. Das Markttreiben, die vorbeifahrenden Autos, die Gespräche der Menschen draußen, alles scheint in weiter Ferne, wenn man den schlichten, in warmes Licht getauchten Kirchenraum betritt. Die Schlichtheit der Ausstattung entspricht der reformierten Prägung der Gemeinde. Ins Auge fällt die holzvertäfelte dreiseitige Empore, die dem Raum eine eigene Struktur gibt. Christliche Symbolik findet sich im Innenraum der Kirche wenig.
Im Kirchenraum ganz vorne rechts zieht das beleuchtete Gebetsrelief die Blicke auf sich. Es wurde von dem Allenbacher Künstler Rolf Stein aus Stahl geschaffen und zeigt Szenen, die biblisch gedeutet werden können, aber auch sehr stark auf unser Alltagsleben bezogen sind. Wie und was man darin sieht, liegt ganz im Auge des Betrachters. Diesen besonderen Ruheort rundet ein Sitzplatz mit Gästebuch und Gebetsanregungen ab. Hier ist Raum für Meditation, Gedanken und Gebete. Jeder kann sich die Zeit nehmen, eine Kerze anzuzünden, die Motive auf dem Relief anzuschauen und vielleicht in Gedanken eines auszuwählen, sei es die Familie, die kniende Frau, die Sonne, Hände, das Abendmahl oder das Kreuz.
Allein in diesem großen, stillen Raum zu sein, dort zu verweilen und innezuhalten vermittelt eine Ruhe, die das Herz umarmt.

- Evangelische Kirche zu Hilchenbach, Kirchplatz 3, 57271 Hilchenbach, Tel. (0 27 33) 35 99, www.hilchenbach.kirchenkreis-siegen.de
- ÖPNV: ab Siegen Hbf. RB93 Richtung Bad Berleburg, Haltestelle Hilchenbach Bahnhof

Winterwunderwanderland

75 Wandern auf der Oberndorfer Höhe bei Hilchenbach

Wenn statt Regen Schnee herniederfällt, verwandeln sich die Höhen des Rothaarsteigs in ein Wintermärchen. Nur eine halbe Stunde von Siegen entfernt und doch eine andere Welt, in die im Winter euphorische Rodler und Skilangläufer aufbrechen, wo aber auch einsame Wanderwege in einen weißen Traum entführen. Also: Festes Schuhwerk anziehen und auf geht's! Unter den Füßen knirscht der Schnee, über den Köpfen hängen verschneite Äste, Eiskristalle glitzern in der Sonne und das Rauschen der Welt ist für eine ganze Weile wie verschluckt.
Auf dem Wanderparkplatz Oberndorfer Höhe ist man schon auf 600 Metern überm Meer und hat zunächst die Qual der Wahl, denn viele Wege beginnen dort: Weg A8 lädt zu einer etwa sechs Kilometer langen Rundtour durch das Elberndorfer Bachtal ein. Der Weg A7 führt zum Dreiherrnstein, einem geschichtsträchtigen Ort, an dem man mittels Smartphone eintauchen kann in die Erzählungen über Scharmützel, die sich hier an der Grenze dreier Fürstentümer einst abspielten. Ein bisschen Kino im Kopf also und vielleicht einen heißen Schluck Tee oder Glühwein im Mund, so lässt es sich nett Pause machen. Oder man liefert sich mit seiner Begleitung eine richtige Schneeballschlacht, lässt sich hinterrücks ins Weiß sinken und formt Engelsflügel mit den Armen. Der Winter macht es leicht, mal wieder Kind zu sein. Für welchen Weg man sich auch entscheidet – nach rund zwei Stunden erreicht man wieder den Startpunkt, die Beine ein bisschen schwer vom vielen Stapfen durch den Schnee. Da kommt die kleine Rothaarhütte direkt an der Oberndorfer Höhe gerade recht für eine gemütliche Einkehr. Diese Höhe ist im Übrigen nicht nur im Winter attraktiv, sondern an heißen Sommertagen ein echt erfrischender Zufluchtsort, an dem man sich tatenfroh der Kühle der Luft hingeben kann.

● Startpunkt: Wanderparkplatz Oberndorfer Höhe
(zwischen Heinsberg und Oberndorf)
www.sauerland.com unter der Rubrik Attraktionen

Der Traum vom Treibhaus

76

Die Kräuterey in Hilchenbach-Lützel

Schon als junger Mann hat Jörg Massow davon geträumt, in einem Treibhaus zu wohnen. Diesem Traum ist er ganz schön nah gekommen, als er 2018 zusammen mit seiner Frau Monika die seit Jahren leer stehende Kräuterey in Lützel erwarb. Das bedeutete zunächst einmal jede Menge Arbeit. Umso erstaunlicher, dass es schon ein gutes halbes Jahr später auf den Tischen wucherte und Tomaten, Paprika, Kräuter und Kartoffeln gediehen. Und das Schönste: Jörg und Monika Massow teilen ihren Traum mit ihren Besucherinnen und Besuchern. Es bleibt immer Zeit für einen gemeinsamen Kaffee und ein herzliches Schwätzchen.

Das Saatgut für all die besonderen Pflanzensorten stammt aus einem Spezialbetrieb aus Süddeutschland. Ananassalbei und ligurisches Basilikum verströmen ihren Duft, rotblättriges Strauchbasilikum zeigt sich von seiner dekorativsten Seite und die Tomatenpflanzen präsentieren verführerisch ihre Früchte in einer Fülle von Form- und Farbvarianten.

Aber nicht nur das Treibhaus hat seinen Reiz, sondern auch das verwunschene große Freigelände. Im Sommer blüht es hier hellgrün und rosa, Insekten summen. Natürlich gibt es für diesen besonderen Ort viele Pläne, die aber ohne Eile angegangen werden, denn Monika und Jörg wollen den Prozess des Wachsens im Hier und Jetzt genießen. Man darf gespannt sein, was bei so vielen Visionen in den nächsten Jahren dort entsteht. Schon in Angriff genommen ist der Ausbau des Nebengebäudes, in dem eine Küche und Räume für Kochkurse oder Kochevents entstehen. Man wird angesteckt von so viel Tatendrang und kann sich schon gut vorstellen, wie es sein wird, dort mit anderen zusammen zu kochen, zu essen, im Treibhaus zu träumen.

Ab Mitte April gibt es die ersten Tomatenpflanzen und Kräuter zu kaufen und man kann sich einfangen lassen von diesem Ort. Vielleicht hat man auch das Glück und es findet gerade ein Event statt. Informationen dazu und Öffnungszeiten finden sich auf der Internetseite der Kräuterey.

TIPP

Ein Abstecher zum nahe gelegenen Turm der Ginsburg bietet einen Weitblick über das Rothaargebirge.

- Kräuterey Lützel, Im Stillen Winkel 14, 57271 Hilchenbach-Lützel, Tel. (01 52) 24 24 70 78, https://kräuterey-lützel.de/
- ÖPNV: ab Siegen Hbf. RB93 Richtung Bad Berleburg, Haltestelle Lützel

Einkehren im Forsthaus

77

Das Café Waldland in Hohenroth

Mitten in einem der größten Waldgebiete Deutschlands, an der Kreuzung zweier uralter Handelswege, der Eisenstraße und der Kohlenstraße, liegt verwunschen das Forsthaus Hohenroth. Seit 1910 steht das anmutige Schieferhaus mit den grünen Fensterläden mitten im Wald in der Nähe von Hilchenbach-Lützel. Fast 100 Jahre später zog das Café Waldland im Forsthaus ein und seither erfüllt Carmen Six das Haus mit neuem Leben. Es ist ein guter Ort mit Ausblicken in den Wald, um sich nach einer Wanderung zu stärken und die Erinnerungen an einen erholsamen Tag mit Freunden zu teilen.

Die schwere Holztür knarrt beim Eintreten und es duftet nach frischem Kaffee. Die hausgemachten Blechkuchen, das Hefegebäck und die frischen Waffeln direkt aus der Forsthausküche bringen gute Laune in die Besucherrunden an den Tischen. Bei sonnigem Wetter genießt man die guten Köstlichkeiten im Garten vor dem Forsthaus und kann dabei Hirsche und Damwild im angrenzenden Wildgehege beobachten. Wer gerne an Festtagen frisches Wildbret aus den Siegerländer Forsten genießen möchte, der sollte sich die ersten drei Adventssonntage vormerken. Dann werden im Waldinformationszentrum, das direkt hinter dem Forsthaus liegt, allerlei Köstlichkeiten von Reh und Wildschwein aus dem Staatswald des Regionalforstamtes Siegen-Wittgenstein angeboten. Will man mehr über die Herkunft und Weiterverarbeitung von Reh & Co wissen, gibt der anwesende Oberförster an den Verkaufstagen gerne Auskunft. Das ehemalige Stallgebäude beherbergt ein Vereinsbüro, ein Auditorium und einen Raum für Ausstellungen zu wechselnden Themen.

Der Verein Waldland Hohenroth hat hier auf 640 Höhenmetern eine besonders schöne Begegnungsstätte geschaffen für all diejenigen, die die Faszination Wald teilen. Und Wald gibt es hier reichlich, mit zahllosen Rundwegen zum Wandern und Wundern.

TIPP

Man kann auch im Forsthaus übernachten (www.cafe-waldland.de/cafe_ferienwohnung.html).

- Café Waldland im Forsthaus Hohenroth, 57250 Netphen, Tel. (0 27 37) 21 85 74 5 www.waldland-hohenroth.de
- ÖPNV: ab Siegen Hbf. RB93 Richtung Bad Berleburg, Haltestelle Lützel, von dort etwa 6 Kilometer über den Rothaarsteig bis zur Ederquelle, Ausschilderung zum Forsthaus folgen

Landesbetrieb Wald und Holz
Nordrhein-Westfalen
Regionalforstamt
Siegen-Wittgenstein
Waldinformationszentrum
Forsthaus Hohenroth

Duftende Raritäten

78 Der Rosengarten Alter Friedhof in Erndtebrück

Mit ihren zarten Blüten sind Rosen Geschöpfe, die von Geschichten, Mythen und Sagen umrankt sind. Seit mindestens zwölf Millionen Jahren blühen und duften sie auf der ganzen Welt. Viele der ganz alten Sorten waren in Vergessenheit geraten. Erst zu Beginn des 20. Jahrhunderts nahmen sich einige traditionsbewusste Gärtner ihrer wieder an. So haben auch Antje Laues-Oltersdorf und Renate Ludwig-Bernshausen als begeisterte Rosensammlerinnen die wahren Qualitäten von historischen Sorten erkannt und kümmern sich um deren Erhalt und ihre Geschichte. Seit 2013 bepflanzen und pflegen sie in Eigeninitiative den an einem Südhang liegenden Rosengarten auf dem Alten Friedhof von Erndtebrück. Sie bekamen dazu Pflanzenspenden aus ganz Deutschland und hatten auf diese Weise schnell eine beachtliche Sammlung zusammen.

TIPP

Mit einem köstlichen Eis vom Dolomiticafé macht der Besuch des Rosengartens doppelt Spaß.

Fast 400 historische Rosen, darunter einige Wildrosen, verströmen heute hier in den Hauptblütemonaten Juni und Juli ihren intensiven Duft. Strauch-, Kletter- und Beetrosen zaubern Farbtupfer in Weiß, Zartrosa, Pink und Knallrot in die Landschaft. Die Blüten präsentieren sich mal filigran, mal in praller Fülle und betören die Nase mit höchst unterschiedlichen Aromen. Auch nach ihrer Blütezeit faszinieren die Rosen im Herbst mit ihrem schönen Laub und leuchtenden Hagebutten. Wo moderne Rosen sich mit ihrer mehrmaligen Blüte oft verausgaben, werden die historischen Rosen über die Jahre immer schöner.

Zwischen gusseisernen Rankgerüsten für Ramblerrosen kann man sich wunderbar auf den Bänken niederlassen, um dem Alltag für erholsame Momente zu entfliehen. Das Schöne ist: Dieser Ort ist immer kostenfrei zugänglich. In den Sommermonaten bieten die beiden Rosenfreundinnen jeden ersten Samstag im Monat ab 14 Uhr eine Führung an und erzählen gerne die jeweiligen Geschichten ihrer Rosenschätze.

- Rosengarten – Alter Friedhof, Ederfeldstraße, 57339 Erndtebrück, Tel. (0 27 53) 74 29
- ÖPNV: ab Siegen ZOB Bus R27 Richtung Bad Belebung, Haltestelle Ederfeldstraße

Heilige Durstlöscherin

79

Die Ilsequelle bei Heiligenborn

Für alle diejenigen, die Wanderungen gerne mit einem besonderen Zwischenstopp verbinden, gehört unbedingt die Ilsequelle bei Heiligenborn auf die Tippliste für Ausflüge ins waldreiche Siegerland. Im von Siegen rund 30 Minuten entfernten Rothaargebirge liegen die beiden Quellen des Lahn-Nebenflusses Ilse. Sie befinden sich nahe dem Ort mit dem vielversprechenden Namen Heiligenborn. Der ausgeschilderte Weg zu dem Quellgebiet führte auf rund 600 Höhenmetern vom Parkplatz aus durch einen geheimnisvoll anmutenden Nadelwald, der allerdings leider nahezu vollständig dem Borkenkäfer zum Opfer gefallen ist.

Man geht vom Friedhof Heiligenborn etwa zehn Minuten lang talwärts und schon dringt der Klang des glucksenden Wassers ans Ohr. Der noch kleine Bach plätschert zwischen kräftig grünen Sumpfgräsern dahin und speist einen kleinen Badeteich. Der Puls wird langsamer, wenn Ruhesuchende kurz vor dem Ziel den seichten Ilse-Bachlauf barfuß durchqueren und spüren können, dass dies ein Ort mit besonderer Geschichte ist. Der Stein, mit dem die Quelle im 17. Jahrhundert gefasst wurde, war von kräftigen Buchen umgeben. Im Mittelalter war die untere Quelle der Ilse als „Heilige Ilsequelle" bekannt und zählte zu den meistbesuchten Heilquellen Mitteleuropas, vergleichbar mit Lourdes. Kranke pilgerten dorthin, denn das Trinken des rechtsdrehenden Quellwassers versprach Heilung von Rheuma und Gicht, aber auch zahllosen anderen Leiden zu finden. Eine Informationstafel direkt an der Quelle gibt Einblicke in den historischen Hintergrund.

TIPP

Unbedingt ein paar leere Flaschen mitbringen, um das kostbare Nass mit nach Hause zu entführen.

Heute bieten Tische und Bänke aus Holz die Möglichkeit für eine Pause, die auch Gelegenheit gibt, alle mitgebrachten Flaschen mit dem köstlichen und kristallklaren Quellwasser zu befüllen. Und auf den großen Waldsofas finden Körper und Geist Entspannung. Und wer weiß schon, welch wundersame Wirkungen dieses Wasser im Körper entfaltet? Viele schwören jedenfalls auf eine Trinkkur.

● Untere Ilsequelle, Heiligenborn (Abzweig Kleiner Rothaar), 57334 Bad Laasphe

Bier mit Leidenschaft

80

Die Handwerksbrauerei Bosch in Bad Laasphe

Sie ist die drittälteste Brauerei in NRW, denn seit 1705 wird hier in Familienbesitz mit viel Passion Bier gemacht. Wenn man den Hof vor der Brauerei betritt, riecht es lecker nach Malz und Hefe. Bier ist hier kein industrielles Massenprodukt, sondern trägt das „Slow-Brewing"-Gütesiegel. Das heißt, dass nur Naturhopfen verwendet wird, die Würze sieben Tage lang kalt gärt, dann das Bier fünf Wochen reift und die Brauerei insgesamt besonders fair und bewusst handelt. Dieses Zertifikat tragen in NRW nur drei Brauereien.

Die Leidenschaft fürs Brauen zeigt sich auf jeden Fall auch bei den außergewöhnlichen Biersorten: Es gibt das klassische Pils, daneben aber auch goldenes Lager und nach alter Art gebrautes Braunbier, tiefschwarzes und sehr aromatisches Porter, durstlöschendes Weizen und im Winter karamelliges Doppelbock. Eine Besonderheit im Programm sind die exotischen „Propellerbiere" mit so inspirierenden Namen wie „Aufwind" (Pale Ale) oder „Nachtflug" (ein Imperial Stout, das mit etwa 9 % Alkoholgehalt und intensivem Geschmack Biertrinkerinnen und Biertrinker herausfordert und neugierig macht).

Kein Wunder, dass diese Biere immer wieder international ausgezeichnet werden. Wer wissen möchte, wie so ein Handwerksbier traditionell hergestellt wird, kann dies bei einer Führung aus nächster Nähe sehen, riechen und schmecken. Appetitlich sehen die Rohstoffe aus, man erfährt etwas über das Reinheitsgebot, schaut in den verschiedenen Kellern beim Gären und Reifen zu, bis schließlich in vielen Schritten das entstanden ist, was wir uns unter leckerem Bier vorstellen. Am Ende der Führung darf man direkt vom Tank ein Braunbier und ein Pils probieren. Dafür sollte man aber unbedingt vorab einen Termin machen!

Und wer auf den Geschmack gekommen ist, kann sich ein kleines Tasting-Sixpack für den Genuss zu Hause zusammenstellen lassen oder noch im Brauereigasthof „Zur Sonne" in der Königsstraße einkehren.

TIPP

Für ganz passionierte Bierfreunde bietet die Brauerei Bosch ganztägige Braukurse an, bei denen man eigenes Bier herstellt.

● Brauerei Bosch GmbH & Co KG, Steinackerstraße 15, 57334 Bad Laasphe
www.brauerei-bosch.de

Bosch

Bibliografische Informationen der Deutschen Nationalbibliothek
Die Deutsche Nationalbibliothek verzeichnet diese Publikation in der Deutschen Nationalbibliografie; detaillierte bibliografische Daten sind im Internet über http://dnb.d-nb.de abrufbar.

2. Auflage 2022
Konzeption/Satz: Droste Verlag, Düsseldorf
Einbandgestaltung und Illustrationen: Britta Rungwerth, Düsseldorf, unter Verwendung von Bildern von © Fotolia.com: jd – photodesign.de; © iStock: Plociennik Robert
Fotos: Sabine Ullrich, außer:
S. 19: Sebastain Weiß, Siegen; S. 37: Prof. Dr. Bernd Dreseler, Siegen; S. 39: Bruno Puddu; S. 43: Gesine Westhäuser, Siegen; S. 45: Julius Brauckmann, Düsseldorf; S. 49: Björn Schachte, Siegen; S. 55: René Achenbach, Kreuztal; S. 67: Frank Wipperfürth, Olpe; S. 83: Pixabay; S. 89: Susanne Prümm, Siegen; S. 93: Martin Lässig, Köln; S. 97: Familie Frank, Siegen; S. 99: Sebastian Konefal, Siegen; S. 137: Heino Schneider, Siegen; S. 139: Thorsten Junge, Kreuztal; S. 143: Jacqueline Neu, Olpe; S. 145: Pixabay; S. 163: Antje Laues-Oltersdorf, Erndtebrück

FSC
www.fsc.org
MIX
Papier aus verantwortungsvollen Quellen
FSC® C011279

Druck und Bindung: LUC GmbH, Greven
ISBN 978-3-7700-2457-5

www.droste-verlag.de